ORGANIZAÇÃO POLÍTICO- -ADMINISTRATIVA DO ESTADO FEDERAL

SÉRIE ESTUDOS JURÍDICOS: DIREITO PÚBLICO

Marcos da Cunha e Souza

EDITORA
intersaberes

Rua Clara Vendramin, 58 . Mossunguê . Cep 81200-170 . Curitiba . PR . Brasil
Fone: (41) 2106-4170 . www.intersaberes.com.br . editora@editoraintersaberes.com.br

Conselho editorial Dr. Ivo José Both (presidente), Dra Elena Godoy, Dr. Neri dos Santos, Dr. Ulf Gregor Baranow ▪ **Editora-chefe** Lindsay Azambuja ▪ **Gerente editorial** Ariadne Nunes Wenger ▪ **Assistente editorial** Daniela Viroli Pereira Pinto ▪ **Preparação de originais** Rodapé Revisões ▪ **Edição de texto** Monique Francis Fagundes Gonçalves ▪ **Capa** Luana Machado Amaro ▪ **Projeto gráfico** Mayra Yoshizawa ▪ **Diagramação** Débora Gipiela ▪ **Equipe de** *design* Débora Gipiela ▪ **Iconografia** Regina Claudia Cruz Prestes

Dados Internacionais de Catalogação na Publicação (CIP)
(Câmara Brasileira do Livro, SP, Brasil)

Souza, Marcos da Cunha e
  Organização político-administrativa do Estado Federal/ Marcos da Cunha e Souza. Curitiba: InterSaberes, 2020.
  (Série Estudo Jurídicos: Direito Público)

  Bibliografia.
  ISBN 978-65-5517-805-0

  1. Brasil – Política e governo 2. Constituição – 1988 – Brasil 3. Direito constitucional 4. Estado (Direito) 5. Federalismo – Brasil I. Título. II. Série.

20-44519   CDU-342

Índices para catálogo sistemático:
1. Organização político-administrativa do Estado Federal: Direito constitucional   342
  Cibele Maria Dias – Bibliotecária – CRB-8/9427

1ª edição, 2020.

Foi feito o depósito legal.

Informamos que é de inteira responsabilidade do autor a emissão de conceitos.

Nenhuma parte desta publicação poderá ser reproduzida por qualquer meio ou forma sem a prévia autorização da Editora InterSaberes.

A violação dos direitos autorais é crime estabelecido na Lei n. 9.610/1998 e punido pelo art. 184 do Código Penal.

Sumário

11 ▪ *Apresentação*

Capítulo 1
17 ▪ **Desenvolvimento do federalismo no mundo e no Brasil**
19 | Estados unitário, confederado e federal
44 | A experiência brasileira

Capítulo 2
59 ▪ **A União**
60 | A natureza da União
62 | Os bens da União
69 | As competências da União Federal

Capítulo 3
95 ▪ **Os estados, os municípios e o Distrito Federal**
96 | Os estados
119 | Distrito Federal
125 | Os municípios
140 | O Princípio da Subsidiariedade

Capítulo 4
147 ▪ **Defesa do Estado e das instituições democráticas e intervenção em municípios, estados e Distrito Federal**
149 | Pensando a defesa do Estado e das instituições democráticas
165 | Intervenção federal nos estados e no Distrito Federal
176 | Intervenção do estado no município
180 | Conflitos entre entes da Federação

Capítulo 5
183 ▪ **Forças Armadas e segurança pública**
185 | As Forças Armadas: histórico, definição e papel na federação atual
206 | Segurança pública
216 | Segurança pública e Princípio da Subsidiariedade

219 ▪ *Considerações finais*
223 ▪ *Lista de siglas*
225 ▪ *Referências*
247 ▪ *Sobre o autor*

Para Monique, meu firme escudo,
meu repouso, meu amor.

[...] os defensores do despotismo apresentaram argumentos, não apenas contra as formas de governo republicano, mas contra os próprios princípios da liberdade civil. Eles criticaram todo governo livre como inconsistente com a ordem da sociedade [...]. Felizmente para a humanidade, estupendas estruturas criadas com base na liberdade, que floresceram por séculos, em alguns momentos gloriosos refutaram seus sofismas sombrios. E, confio, a América será a base ampla e sólida de outros edifícios não menos magníficos, que serão igualmente monumentos permanentes dos seus erros.

Alexander Hamilton, James Madison, John Jay, The Federalist, n. 9, 1787[1]

---

1 Tradução nossa.

Apresentação

O ano de 2020 não passou em branco. Ele marcou toda a humanidade de forma razoavelmente violenta, e o Brasil em especial. No que tange ao combate à pandemia de Covid-19, todo o nosso sistema federativo foi colocado em teste. Por toda parte, a Constituição brasileira foi colocada sobre as mesas, sublinhada e glosada por ministros, governadores, secretários de estado e de municípios. Ela precisou ser emendada para superarmos obstáculos que os constituintes sequer poderiam imaginar em 1988. E o Supremo Tribunal Federal foi chamado a decidir sobre a constitucionalidade de medidas que envolviam a relação entre os diferentes entes da federação. A questão envolvia a vida – em sentido concreto – de milhares de pessoas.

Na verdade, eram várias as questões: "Como enfrentar um problema de consequências gravíssimas, que envolvem todo o território nacional mas que, ao mesmo tempo, impactam, em graus e momentos diferentes, os diversos estados e municípios?"; "Deve a União centralizar o combate, uma vez que a crise tem caráter nacional?"; "E as especificidades locais e regionais?"; "Existem meios de o Poder Executivo da União avaliar quando todas as escolas e universidades do país poderão voltar a funcionar?"; "E o que podemos extrair da Constituição sobre isso?".

O tema deste livro – *organização político-administrativa do Estado federal* – diz muito sobre esses tipos de dúvida e sobre a importância de compreender o que é e como funciona a federação brasileira. Este, no entanto, não é um livro "datado", ou seja, não é um livro sobre as crises de 2020, embora várias decisões judiciais proferidas nesse ano sejam fundamentais para apontar o estado da arte do constitucionalismo nacional.

Até a queda do Império, o Brasil foi um Estado unitário. Houve, por um lado, grande progresso material, mas, por outro, não havia como o Poder Executivo, sediado no Rio de Janeiro, coordenar adequadamente as diferentes províncias, cada uma das quais tinham realidades particulares. O sistema federativo foi adotado, no Brasil, em respeito às especificidades locais e como forma de alcançar maior eficiência, com autonomia. Para visualizar a estrutura federativa atual, é preciso examinar as suas origens e bases, os erros e acertos desse projeto republicano e a forma pela qual suas partes se relacionam.

Desse modo, no Capítulo 1, abordamos as origens do federalismo, a inovação deste em relação aos Estados unitários, as características básicas que apresenta e a implantação desse sistema no Brasil. A superação do modelo constitucional de 1891 será seguida pelas outras tentativas de implantação de um federalismo com rosto brasileiro, passando, inclusive, por modelos autoritários e centralizados, até chegar ao estágio atual.

Com tudo isso em mente, no Capítulo 2 iniciaremos o estudo da organização político-administrativa do Estado brasileiro à luz da Constituição Federal. E o foco desse capítulo é a União Federal. Nele, então, abordamos a natureza da União, seus bens e suas competências materiais e legislativas. Nesse contexto, também será necessário fazer algumas referências aos estados, aos municípios e ao Distrito Federal, nos momentos em que as competências se apresentam comuns ou concorrentes.

No Capítulo 3, trataremos os demais entes da federação (estados, municípios e Distrito Federal). Demonstraremos, objetivamente, a natureza deles como entes autônomos, com governo próprio e capacidade de auto-organização, nos limites da Constituição. Examinaremos também as competências legislativas e materiais de cada um deles. No caso de estados e municípios, avaliamos as condições para fusão, cisão e desmembramento.

Nos capítulos 4 e 5, partiremos para o estudo da defesa do Estado e das instituições democráticas, afinal, a Constituição Federal não existe apenas para os momentos de tranquilidade.

Ela também precisa apresentar soluções para momentos de crise, como guerras, violências intestinas, crises institucionais. Daí a necessidade de estudar o estado de defesa, o estado de sítio, as Forças Armadas e a segurança pública. Também dentro desse espírito há a questão das intervenções nos estados e nos municípios.

As questões que aqui abordaremos encontram-se em muitos manuais de Direito Constitucional, mas não em todos. Vários doutrinadores se calam sobre temas como segurança pública, Forças Armadas, intervenção dos estados nos municípios etc. Outros os abordam de forma bastante resumida, não porque essas obras sejam falhas ou incompletas, mas porque o objetivo delas é outro: reunir, em um único volume, todo o Direito Constitucional brasileiro ou aqueles pontos que, para dado autor, são os mais essenciais.

Então, com esta oportunidade de escrever um livro inteiro sobre a organização político-administrativa do Estado, buscamos dar ênfase aos temas mais importantes, aprofundando-os. Por outro lado, evitamos aquelas transcrições pueris de **dispositivos constitucionais que pouca ou nenhuma relevância tem para o estudante de Direito**, como é o caso do extenso inciso IV do art. 29 da Constituição de 1988, que trata, em 24 alíneas, do número de vereadores em função da população de cada município. Questões salariais de deputados e governadores também não serão abordadas, uma vez que este é um livro **primeiramente destinado aos estudantes da graduação e da** pós-graduação. Busca a formação de operadores do Direito, mas com alguma profundidade, apresentando as principais controvérsias e as decisões judiciais mais pertinentes. Nesse sentido, prestigiamos, nesta obra, alguns dos maiores doutrinadores brasileiros, apresentando os pontos de vista, os conceitos e as terminologias que lhe são particulares.

Esperamos que esta obra possa se tornar uma ferramenta ao alcance dos estudantes de Direito, como uma primeira fonte de aprendizado, capaz de satisfazê-los em muitos pontos, mas que também os ajude a encontrar o caminho para outros autores.

Há quem diga que ainda não aprendemos a viver em uma federação. Nossos séculos de colônia e de Estado unitário nos acostumaram a lançar os olhos para a metrópole ou para a capital toda vez que um problema grave aparece no horizonte. Talvez isso seja verdade. Contudo, o Brasil, pelas suas dimensões, pela sua diversidade, está fadado ao federalismo. Então, só nos resta estudá-lo e praticá-lo.

Capítulo 1

*Desenvolvimento do federalismo
no mundo e no Brasil*

Uma sociedade, como a brasileira, deve se organizar de tal forma que possa adotar práticas e valores hábeis para garantir a boa convivência entre os cidadãos, órgãos e centros de poder. No entanto, dificilmente haverá, sobre qualquer ponto que seja, uma aceitação unânime. Segundo Baracho (1996, p. 3):

> Os princípios fundamentais ou básicos para uma melhor sociedade, na qual todos possam viver, nem sempre realizam, concretamente, um único tipo de comunidade aceitável por todos, desde que será impossível definir, para todas as pessoas, exclusivo modo de vida e de viver. Não se pode esquecer, que as pessoas são complexas, como são as várias formas de relacionamento entre elas.

Quando os debates se aprofundam, no tocante à organização do Estado, percebemos que existem diferentes modelos possíveis. Alguns entenderão que os municípios são a base de tudo e que, por isso, a administração local deve gozar de maior poder e autonomia. Outros defenderão que os municípios, isoladamente, não conseguem resolver as questões mais importantes. Assim, os estados poderiam disciplinar, com mais eficiência, demandas de interesse regional. Mas, ante as complexidades da vida contemporânea, há quem considere que, em uma federação, deve o presidente da República reunir poderes suficientes para coordenar os esforços da nação, enquanto o Congresso Nacional traça as regras gerais a serem, eventualmente, complementadas pelos legislativos locais. Tais visões podem ser ora complementares, ora antagônicas.

No presente capítulo, teceremos algumas linhas sobre o Estado-nação e, em seguida, aprofundaremo-nos sobre Estado unitário e estado federal. Ao traçar as origens deste último nos Estados Unidos (1787) e passar ainda pela evolução dele no Brasil, buscaremos destacar seu espírito, sua razão de ser e suas virtudes. Você vai perceber que, assim como a sociedade, a federação se transforma, mesmo naqueles países em que, aparentemente, a Constituição Federal não passou por grandes mudanças. É que as exigências do mundo moderno nos obrigam a novas interpretações, além da necessidade de extrair do texto constitucional soluções para problemas nem sequer cogitados ao tempo da sua redação.

— 1.1 —
Estados unitário, confederado e federal

O termo *estado* tem diferentes significados. Mas, naquilo que interessa ao presente tópico, costuma ter duas acepções. Ora serve para descrever o "aparelho burocrático de gestão dos interesses coletivos", ora aponta o "âmbito em que a autoridade deste aparelho se exerce" (Bourdieu, 2014, p. 64). Abordaremos o Estado com base na segunda acepção. Não pensemos, por ora, no termo *estado* como unidade federativa de países como Brasil e Estados Unidos.

Partindo dessa premissa, reconhecemos que o Estado envolve um território habitado por uma população, que tem para si um governo soberano, do qual se esperam ações voltadas ao interesse comum. Dentro deste conceito vemos os três elementos essenciais de um Estado: população, território e poder soberano (Souza, 2018).

Alguns autores preferem o termo *povo*, em vez de *população*. Entende-se que *povo* envolve um nexo de nacionalidade e cidadania para com o Estado. Entretanto, o Estado se preocupa não apenas com o próprio povo, mas também com toda a população que o habita, incluindo os estrangeiros, uma vez que estes também se submetem à ordem jurídica que impõe (Souza, 2018).

O território é caracterizado pela parcela do globo terrestre dentro da qual o Estado exerce soberania. Dentro dele, o Estado aplica leis, coleta regularmente tributos, pacifica os conflitos entre os membros da população e age em prol do desenvolvimento social daqueles que estão sob sua proteção.

O Estado verdadeiramente soberano não reconhece ente superior a ele na ordem internacional. "As fronteiras do Estado – os seus limites – criam um 'interior' e um 'exterior'. O que acontece no 'interior' é atribuição do Estado; nenhuma autoridade 'exterior' tem jurisdição ali, pelo menos sem aquiescência dele." (Morris, 2005, p. 67)

Nem sempre foi assim. Na Idade Média, os reis frequentemente não conseguiam ter autoridade sobre os senhores feudais. Além disso, o papa, chefe da Igreja Católica, tinha grande poder político dentro dos diferentes reinos a cujos súditos aplicava normas que baixava, como as regras sobre casamento, filiação etc.

O Estado moderno ainda é marcado pela ideia de impessoalidade: ele não pertence a seus governantes e não existe para servi-los.

Outro ponto a considerar é que, na grande maioria dos Estados modernos, entidades que englobam milhões de pessoas e prestam diferentes tipos de serviços à população, é inimaginável que tenhamos uma única pessoa, ou mesmo um pequeno grupo, como o único centro de tomada de decisões, de resolução de conflitos e fonte de todas as normas jurídicas. Em nome da eficiência, todo Estado demanda algum tipo de descentralização. A doutrina costuma vislumbrar, quanto à descentralização, três formas de Estado: o unitário, o confederado e o federal. São formas de "estrutura espacial do Estado" (Horta, 2010, p. 273). A forma de Estado confederada, atualmente, é mera referência histórica. Desse modo, o estudo dos outros dois modelos é a prioridade.

— 1.1.1 —
O Estado unitário

Existem vários modelos de Estados unitários, tais como Portugal, França, Itália e Espanha. Neles, normalmente, a gestão das matérias de competência administrativa local parte de uma ordem normativa que emana de uma entidade central, tal como o Parlamento nacional ou o Poder Executivo. O território pode ser dividido em unidades administrativas ("autarquias"), tais como comunas, cidades, vilas, municípios, freguesias ou departamentos. No entanto, estas não têm substancial poder de se auto-organizar ou de legislar. Mas, nem por isso, pode-se confundir o Estado unitário com um Estado autoritário ou um Estado que desrespeita e ignora as vontades regionais.

Quase sempre, as autoridades executivas locais, como os prefeitos das cidades, serão eleitas pelo voto popular. Na França, que é dividida em departamentos, comunas e regiões, a autonomia dos departamentos é bastante limitada. Os prefeitos de departamento são escolhidos por decreto do presidente da República, após proposta do primeiro-ministro.

O art. 6º, 1, da Constituição da República Portuguesa (Portugal, 2005), embora declare expressamente que o Estado é unitário, assegura que a estrutura, em organização e funcionamento, é baseada no respeito à autonomia das autarquias locais e na descentralização democrática da administração pública. E como isso ocorre? Franco (2019, p. 269) explica que a:

> [...] descentralização administrativa, vigente nos Estados unitários, confere às entidades descentralizadas o estatuto chamado de autarquia, ou seja, a capacidade para gerir os negócios da sua competência, mas de acordo com a organização legal que não emana dela própria, porém do poder estatal, que lhe é estranho e superior.

No Estado unitário, a depender do modelo, pode existir uma maior ou menor descentralização das questões de ordem administrativa, legislativa ou política. Mas essa descentralização está sob a discricionariedade de um poder central, que pode ampliar ou restringir esta autonomia (Ferreira Filho, 2018).

A Espanha, embora seja um Estado unitário, apresenta algumas comunidades autônomas, como é o caso da Catalunha. Ainda assim, essas unidades autônomas estão longe de se equipararem aos Estados-membros de uma federação. Isso ocorre porque os estatutos que organizam a gestão dessas comunidades, embora sejam elaborados inicialmente por uma assembleia local, não entram em vigor pelas mãos desse órgão. São enviados para as "Cortes Gerais" (o Congresso dos Deputados e o Senado), onde tramitarão como lei ordinária (art. 146 da Constituição Espanhola) (Espanha, 1978). Ou seja, a organização interna não é atribuição inerente e exclusiva das comunidades autônomas e pode ser modificada pelo Poder Legislativo espanhol. De forma semelhante, o "Estatuto da Região", na República Italiana, depende de ratificação do Parlamento (Horta, 2010).

Horta (2010) observa que alguns Estados unitários, como a Espanha e a Itália, vêm evoluindo para uma nova forma estatal, intermediária. O autor os chama de *Estados Regionais*, localizados em uma zona intermediária entre os Estados unitários e os federais.

Um exemplo de Estado unitário descentralizado foi o Império do Brasil (1822-1889). O país era dividido em províncias.

Entretanto, os presidentes das províncias e os chefes de polícia eram escolhidos pelo Imperador. As províncias não possuíam qualquer espécie de constituição própria, de modo que muitas das questões relacionadas à sua estrutura administrativa eram decididas pelo Imperador ou pelo Poder Legislativo do Império.

No Estado unitário, portanto, há certa hierarquia entre as fontes de poder. O centro concentra a supremacia sobre a maior parte das decisões. Embora as periferias também apresentem atribuições importantes, em muitos casos, estas podem ser modificadas por decisões do centro de poder.

A descentralização neste tipo de Estado, "embora possa atingir níveis significativos, não implica uma autonomia, no sentido do exercício de competências reservadas e exclusivas na esfera da unidade administrativa descentralizada" (Sarlet; Marinoni, Mitidiero, 2019, p. 903).

O resultado é que há uma maior uniformização legislativa, que pode atingir, inclusive, questões de interesse local. Por isso, é uma modalidade de organização política do território que faz mais sentido em países de menor dimensão territorial, como Portugal, Uruguai, Polônia etc. Por exemplo, o Poder Executivo da República Portuguesa tem condições de saber o que se passa em suas diferentes cidades, em um país com apenas 10 milhões de habitantes. A eficiência administrativa não é comprometida, nesse caso. Contudo, existem países pequenos, como a Suíça, que se organizaram como repúblicas federativas.

— 1.1.2 —
O Estado confederado

A confederação é uma forma composta de Estado. Consiste na reunião de diferentes entidades soberanas, "mas que se unem em torno de determinados fins e mediante pactos regidos pelo direito internacional público" (Sarlet; Marinoni, Mitidiero, 2019, p. 903). Nesse modelo, o governo central teria autoridade apenas sobre os Estados, mas não sobre os cidadãos que os compõe. Cada povo vive sob as leis do seu próprio "país".

Uma das confederações mais famosas foi a duradoura Confederação Helvética, que se formou no século XIII por meio de acordos entre populações que viviam isoladas nos vales alpinos, mas eram interessadas em evitar guerras intestinas, em fomentar o comércio e a defesa comum. Ela deu origem à Suíça moderna, que é uma república federal composta por 26 pequenos estados.

— 1.1.3 —
Os Estados Unidos
e a origem do federalismo

Antes de falarmos do Estado federal em si, é preciso falar das suas origens, que remontam à independência dos Estados Unidos (1776) e às circunstâncias e debates que culminaram na promulgação da Constituição norte-americana, em 1787. Essa Constituição, ainda vigente e modificada por apenas 27 emendas, criou o modelo federalista que serviu de inspiração para diversos países desde então, incluindo o Brasil. Os princípios e o modelo republicano da mencionada carta constitucional também inspirariam a Revolução Francesa de 1789 e a independência das colônias espanholas das Américas.

Estudar o processo de construção da Constituição norte-americana é importante, dado que nos permite perceber que muitas das nossas tradições republicanas são resultado de debates voltados a soluções de problemas de uma nação muito diferente da nossa. Outras práticas, transplantadas igualmente para o Brasil, derivam de discussões travadas, ao longo do século XVIII, pelos filósofos iluministas, debates que, naquele momento, representavam o que havia de mais avançado. Por fim, havia uma crença, quase utópica, na superioridade de certas instituições da Antiguidade, especialmente romanas e gregas. E tudo isso se fundiu ao longo de anos de incerteza política e de debates acalorados.

Lembremos, rapidamente, que os Estados Unidos têm origem em uma faixa de terra, na costa leste da América do Norte, entre o Oceano Pacífico e os montes Apalaches. Ali, a partir de 1607, colonos vindos das ilhas britânicas – muitos dos quais fugiam de perseguições religiosas – fundaram 13 colônias submissas à Inglaterra. Mas, ao contrário do que aconteceu na colonização portuguesa do Brasil, esses colonos podiam criar instituições de ensino, imprimir jornais e livros. Na colônia de Massachusetts, a alfabetização da população masculina e livre passou a ser obrigatória desde 1647, o que inspirou outras colônias a determinar o mesmo (Shi; Tindall, 2016). Por outro lado, havia a escravidão, a submissão das mulheres e uma crença na desigualdade entre os homens (Beeman, 2010). Essas informações são valiosas para compreender o contexto intelectual e moral daqueles que vão criar a Constituição de 1787.

As colônias, antes da independência, gozavam de razoável autonomia em relação à metrópole e tinham vidas apartadas umas das outras. Havia diferenças religiosas e interesses conflitantes. Todas as colônias desenvolveram as próprias lideranças e mecanismos de tomada de decisão, algumas das quais desejavam seguir caminhos próprios, como repúblicas soberanas (Beeman, 2010). Muitos revolucionários norte-americanos terminaram a guerra de independência com a crença de que o poder governamental era inerentemente agressivo e inclinado à tirania. Para muitos, a melhor forma de proteger a liberdade seria criar uma **confederação**.

Se essa posição tivesse sido aceita, o sistema norte-americano teria se caracterizado por um Estado formado pela reunião de diferentes repúblicas soberanas, reunidas apenas por normas relacionadas ao livre-comércio, à defesa contra agressões externas e, eventualmente, ao uso de uma moeda comum. Com isso, esperava-se, um eventual tirano não teria poder para se impor sobre todas as sociedades confederadas ao mesmo tempo (Hamilton; Madison; Jay, 2015). O governo da confederação seria fraco, e o cidadão poderia recorrer com mais eficiência ao governo da sua república, geograficamente mais próximo dele. O cidadão teria mais facilidade para vigiar seus governantes, pois não se acreditava que um governo formado por parlamentares eleitos fosse realmente democrático. A única democracia possível seria a direta, ao estilo de Atenas e de outras pequenas comunidades do período clássico. Assim, para essa parcela dos líderes norte-americanos, criar um governo forte e unificado para as ex-colônias era uma ideia pouco apreciada.

Houve, pois, uma grande dificuldade para convencer as pessoas de que as antigas colônias inglesas precisavam se agregar para formar uma federação e que tal forma de Estado republicano poderia ser viável e estável. O principal argumento em favor da criação de um único Estado federal veio da guerra de independência em si, que foi longa (1775-1783) e mostrou a necessidade de cooperação e de um comando militar centralizado para a destruição das forças inglesas (Beeman, 2010). Mas como elas poderiam se reunir sem perder as autonomias locais?

Os representantes das 13 ex-colônias britânicas se reuniram em maio de 1787, na Filadélfia. A missão, oficialmente, era criar uma estrutura constitucional com um governo central fraco e quase desprovido de autoridade, cujos estados gozariam de grande autonomia. O resultado foi muito diferente disso. Criou-se uma federação onde, na prática, cada uma das 13 colônias renunciou à soberania e, consequentemente, a uma parcela das competências administrativas, tributárias, judiciárias e administrativas que tinham. Em troca, havia a expectativa de construção de um bem comum e de maior segurança contra ameaças externas.

Para amenizar a resistência de alguns estados, buscou-se garantir a pluralidade dos centros locais de poder, garantindo-lhes as prerrogativas de autogoverno e autoadministração para que se mantivesse o dogma da preservação da autonomia na elaboração do federalismo, tal como pôde constatar Alexis de Tocqueville ao visitar o país em 1831 e escrever a obra clássica *De la Démocratie en Amérique* (*Democracia na América*, Tocqueville, 1988).

The Federalist Papers

A compreensão de como se chegou ao sistema federativo norte-americano encontra-se em uma série de textos publicados após a redação da Constituição. Como havia a necessidade de que ela fosse formalmente ratificada pelas assembleias de cada um dos estados, para que pudesse entrar em vigor, três dos seus defensores – Alexander Hamilton, James Madison e John Jay (2015) – escreveram 85 textos, dos quais 77 foram divulgados em jornais da época, entre outubro de 1787 e abril de 1788.

Os textos são hoje conhecidos mais pelos seus números do que pelos seus títulos. Assim, por exemplo, o *The Federalist* n. 10 – que trata da União como uma salvaguarda contra as facções internas e a insurreição, é um dos mais comentados até hoje.

Esses textos são chamados, atualmente, de *The Federalist Papers* e representam uma rica fonte para a compreensão do que se passava na mente daqueles que construíram as bases para a primeira república federativa do mundo.

Em 1787, ainda se tinha uma visão muito romantizada da Antiguidade. Assim, os pais fundadores dos Estados Unidos reviraram textos da ciência política clássica, buscando inspirações na República Romana e nas cidades gregas.

Um ponto importante, que viria a afetar as constituições brasileiras, é a composição do poder legislativo da federação. Como os 13 estados americanos tinham volumes populacionais muito diversos, foi preciso criar um sistema com base no qual o tamanho da população de cada estado fosse levado em conta na criação das leis. Mas, por outro lado, era necessário que mesmo os menores estados tivessem a oportunidade de serem tratados como iguais. Então, a igualdade entre os estados foi garantida ao se criar uma casa legislativa – o Senado –, em que cada ente da federação seria representado por dois senadores. Além disso, foi criada outra assembleia – a Câmara dos Deputados (*House of Representatives*) – na qual o peso populacional de cada estado se refletia, proporcionalmente, no número de deputados eleitos.

A *House of Representatives*, que inspirou a Câmara dos Deputados brasileira, teve como modelo a obscura Confederação da Lícia (Hamilton, Madison; Jay, 2015), uma reunião de pequenos estados localizados na atual Turquia, que floresceu no século II a.C. Nesse sentido, é curioso perceber que questões fundamentais da nossa estrutura política atual foram cunhadas com base em interpretações superficiais feitas por filósofos do século XVIII sobre certos Estados da Antiguidade.

A Constituição norte-americana também foi inspirada nos filósofos do Iluminismo, voltados para o racionalismo, a liberdade, a tolerância e a separação entre Igreja e Estado. No que tange aos debates sobre "confederação *versus* federação", a obra mais citada talvez tenha sido O *espírito das leis*, de Montesquieu (1689-1755) (Montesquieu, 2008). O sistema político inglês também não foi ignorado, pois estava entranhado nas práticas internas dos Estados.

Os congressistas norte-americanos, contudo, não viam a Constituição que estavam criando como a base para um regime democrático. Na verdade, eles nem sequer confiavam na estabilidade política das democracias. Essa conclusão fica bem clara no décimo texto do *The Federalist Papers*, ao concluírem, com base na História Antiga, que os regimes democráticos frequentemente estimulavam turbulências e conflitos internos, mostrando-se "incompatíveis com a segurança das pessoas e dos direitos de propriedade", além de terem "vidas curtas" e de serem "violentas em suas mortes" (Hamilton; Madison; Jay, 2015, p. 44-45, tradução nossa).

Para a tecnologia da época, que não conhecia sequer as ferrovias ou o telégrafo, as dimensões territoriais das 13 colônias ofereciam desafios ao governo e, na visão dos contemporâneos, à própria democracia. O *The Federalist* n. 14 explicita essa visão, da seguinte forma (Hamilton; Madison; Jay, 2015, p. 62, tradução nossa): "[...] em uma democracia, o povo encontra e exerce o governo em pessoa; em uma República, eles se reúnem e administram através de seus representantes e agentes. A democracia, consequentemente, estará confinada em um lugar pequeno. Uma República pode se estender por sobre uma grande região".

Assim, embora o modelo norte-americano seja hoje visto como um parâmetro de democracia, seus fundadores o viam apenas – e propositalmente – como um governo representativo, formado por um pequeno grupo de cidadãos eleitos pelos demais, evitando a anarquia e a tirania. Nele, parlamentares estaduais cuidavam das questões locais, e as duas casas do Congresso (Câmara dos Deputados e Senado), situadas na capital da República, cuidavam dos assuntos de interesse da União.

Ao final, portanto, os congressistas decidiram que os estados deveriam aderir a uma "firme União" como um instrumento de "paz e liberdade". Essa União, tendo um presidente da República à frente, oferecia-se como uma "barreira contra facções domésticas e rebeliões" (Hamilton; Madison; Jay, 2015, p. 39, tradução nossa), evitando conflitos armados entre os estados.

Em uma federação, com normas sendo produzidas pela União, pelos estados e pelos municípios, a repartição das competências é a grande questão a ser resolvida pelo poder constituinte. Horta (2010, p. 276), seguindo uma opinião bem-sedimentada, afirma que essa repartição "condiciona a fisionomia do Estado Federal". Quanto maior for a competência exclusiva atribuída à União, menor será o nível de federação.

Ao afastarem a estrutura confederativa em prol da federativa, os constituintes norte-americanos pensaram em um sistema no qual a União e o poder legislativo tivessem um papel importante. No entanto, até onde iriam os poderes deles?

A Constituição norte-americana, representante do modelo clássico de federalismo e de repartição de competências, atribuiu explicitamente uma série de competências à União (poderes enumerados), tais como regular o comércio internacional e interestadual, cunhar moeda, organizar e manter as forças armadas (Estados Unidos, 1787, art. I, seção 8). As demais atribuições foram deixadas para os estados (poderes não enumerados) que, dadas a natureza da colonização britânica e a prática desenvolvida ao longo da Guerra de Independência, tinham uma forte tradição de autonomia administrativa e de autorregulação. Ou seja, inicialmente, todos os poderes que não fossem enumerados em favor do governo central seriam dos estados.

A Constituição norte-americana tinha vários pontos nebulosos, abertos a interpretações diversas. Coube ao primeiro Congresso eleito e ao primeiro presidente da República, George Washington, a tarefa de concretizar certos institutos que nunca haviam sido experimentados na prática, bem como adotar comportamentos que viriam a constituir as tradições do regime republicano norte-americano.

Ao longo das décadas, a União foi alargando os próprios poderes mediante leis votadas pelo Congresso, supostamente voltadas a garantir os poderes especificados pela Constituição com o auxílio de decisões interpretativas da Suprema Corte norte-americana sobre a chamada *cláusula dos poderes implícitos* (Horta, 2010). Embora a Constituição de 1787 tenha sofrido poucas emendas ao longo de 200 anos, a forma de interpretá-la mudou bastante, garantindo sua jovialidade até os dias de hoje.

Contudo, a necessidade de criar um consenso entre as 13 colônias, respeitando as estruturas políticas e econômicas de cada uma, não permitiu que a escravidão posse abolida e que a população negra viesse a ser reconhecida como integrante da jovem nação. Isso teve graves consequências para a estabilidade da federação, tendo gerado uma cisão entre os estados do Sul (escravagistas e agrícolas) e os do Norte (com mão de obra livre e maior nível de industrialização). A crescente tensão levou à Guerra de Secessão (1861-1865), no decorrer da qual 600 mil pessoas foram mortas e várias cidades do Sul foram devastadas. O Norte prevaleceu, levando ao fim da escravidão e a três emendas constitucionais (13ª, 14ª e 15ª) voltadas à proteção de direitos fundamentais dos cidadãos (Beeman, 2010). Mas, como se sabe, isso não acabou com o racismo nos Estados Unidos, e leis discriminatórias continuaram a ser aplicadas até a década de 1960.

Ao se levar em conta o modelo federal criado pela Constituição de 1787, somando-o ao regime presidencialista e à fiscalização, pelo Poder Judiciário, da constitucionalidade das leis, perceberemos que o Brasil se enquadra naquilo que Miranda (2003, p. 85) apontava como países vivendo em "sistema de matriz norte-americana".

O Estado Federal

Os Estados Unidos acabaram por se tornar uma fonte de inspiração para as colônias espanholas e portuguesas das Américas, tanto pelo ideal republicano quanto por certos aspectos sedutores do federalismo. A realidade por trás da fundação dos Estados Unidos, no entanto, era muito singular, como se viu. Desse modo cada país, fosse México ou Argentina, evoluiu de acordo com a própria realidade. Nesse sentido, não existe um único modelo federativo, embora existam algumas características básicas.

Silva (2019, p. 100-101) vislumbra a federação como uma forma de Estado composto em que "o poder se reparte, se divide, no espaço territorial (divisão espacial de poderes), gerando uma multiplicidade de organizações governamentais, distribuídas regionalmente". Nesse modelo, a soberania é atributo exclusivo da federação como um todo, cabendo aos estados que a compõem o atributo da autonomia (Mendes; Branco, 2011).

Baracho (1995, p. 50) afirma que há doutrinadores para quem o federalismo é "[...] uma maneira de descentralização do poder, propiciando maior aproximação entre a autoridade política e os cidadãos".

Para Franco (2019, p. 269), "[...] não existe Estado federal sem que certo tipo de coletividade territorial possua autonomia política. Essas entidades politicamente autônomas são os Estados que formam a União, também chamados, na doutrina, Estados-membros".

Destaca-se a existência de uma descentralização em razão da qual não há uma relação hierárquica entre os membros da Federação – os estados, por exemplo – e o ente que representa a União. Essa descentralização não é somente administrativa, mas também política (Franco, 2019). Há, assim, verdadeira autonomia, inclusive quanto à capacidade de auto-organização. Cada ente poderá ter a própria Constituição ou Lei Orgânica, debatida e promulgada por uma assembleia escolhida pelos eleitores daquela entidade política.

O constitucionalismo pode ser visto como método de contenção e limitação de tendências autoritárias, quando se conjuga a separação clássica dos três poderes com a adoção do modelo federativo, que estabelece a repartição de competências por frações do território (Barboza; Conceição, 2020). Mesmo na eventualidade de haver um presidente da República com tendências autoritárias, a existência de estados e municípios com atribuições bem definidas e asseguradas por um poder judiciário independente tem o condão de refrear a contaminação dos valores republicanos, dando tempo para que as instituições encontrem uma saída constitucional.

Federalismo simétrico e assimétrico

As diferentes formas de Estado federal admitem variadas classificações. O federalismo simétrico é aquele em que os entes federados guardam graus semelhantes de desenvolvimento ou no qual as diferenças culturais não são marcantes. Desse modo, a Constituição acaba tratando a todos os estados de forma igual. A própria União é forçada, pela Constituição, a se relacionar com todos eles da mesma maneira. Seria o caso dos Estados Unidos (Lenza, 2018).

No federalismo assimétrico, por outro lado, existem diferenças marcantes entre os entes. Podem ser diferenças no desenvolvimento econômico, na cultura, no idioma, que obrigam a federação a buscar um equilíbrio "dentro de uma realidade naturalmente contraditória e nebulosa" (Bulos, 2018, p. 941), de modo que impeça que o grupo majoritário se imponha sobre as minorias. Seria o caso do Canadá, onde a população francofônica luta há séculos para preservar a própria cultura e autonomia.

No caso do Brasil, diz-se que nossa Constituição carrega um "erro de simetria", dado que ela tende a tratar todos os estados como iguais (Lenza, 2018), embora seja visível o desnível econômico e social entre eles.

Alguns dispositivos da nossa Constituição, entretanto, dão sinais de tratamento assimétrico, pois reconhecem a existência de diferenças socioeconômicas e preveem ou admitem mecanismos para minorá-las. O art. 43 da Constituição da República Federativa do Brasil (CRFB) assim dispõe: "Para efeitos administrativos, a União poderá articular sua ação em um mesmo complexo geoeconômico e social, visando a seu desenvolvimento e à redução das desigualdades regionais" (Brasil, 1988).

> Também o art. 151, I, da CRFB, após vedar à União "instituir tributo que não seja uniforme em todo o território nacional ou que implique distinção ou preferência em relação a Estado, ao Distrito Federal ou a Município, em detrimento de outro", admite "a concessão de incentivos fiscais destinados a promover o equilíbrio do desenvolvimento sócio-econômico entre as diferentes regiões do País".
>
> Para Bulos (2018, p. 941), nos dias atuais, a assimetria é uma característica intrínseca "a toda e qualquer federação", pois os Estados-membros tendem a apresentar traços próprios e desequilíbrios de diferentes naturezas.

Vimos que, no caso dos Estados Unidos, a federação foi fruto de comunidades que viviam apartadas e que, tendo cedido parte de sua soberania, uniram-se para criar uma entidade central, a União. Esse também foi o caso da Suíça e, de certa forma, da Argentina. Esse processo de aglutinação é conhecido como *formação centrípeta* (termo que significa, na física, o fenômeno de os vetores de diferentes forças apontarem para o centro). Outras federações, como o Brasil, tiveram origem em Estados unitários que, em um processo de descentralização, dividiram-se em Estados-membros federados. É a formação centrífuga (por desagregação), pois aponta para fora, para a dispersão.

Cada federação deve atentar para as próprias peculiaridades históricas, políticas, econômicas e sociais. O Brasil, que já teve diferentes constituições, experimentou graus bastante variados de federação, como demonstraremos em breve. Uma Constituição mal formulada no que tange ao papel de coordenação da União e de cooperação entre as diferentes parcelas pode afetar o desenvolvimento de um país ou levá-lo a repetidas crises políticas.

Disso resulta uma questão fundamental: "Há uma relação de causalidade entre Constituição Federal e Estado Federal" (Horta, 2010, p. 273). O Estado Federal é uma criação político-jurídica que pressupõe a existência de uma lei maior que efetive a sua criação e garanta a sua manutenção. Afinal, é a Constituição que vai delimitar as atribuições e o grau de autonomia de cada entidade política. Ao cumprir esse papel, a Constituição, pelo peso que exerce na estrutura jurídica, garante as liberdades dos Estados. Nesse passo, segundo Franco (2019, p. 272):

> [...] a Constituição federal, além de ser uma lei de organização de podêres é, também, de limitação dêsses mesmos podêres, o que consegue por meio da distribuição de competências federais e estaduais, as quais não podem ser transpostas, nem pelos Estados-membros, nem pela União. Por conseguinte, se a autonomia dos Estados é limitada pela Constituição, a soberania da União também o é.

Outro aspecto a considerar é que, nas federações mais tradicionais, com apenas duas esferas – a União e os Estados-membros – um mesmo território fica submetido a duas ordens normativas sobrepostas. No caso do Brasil – estudaremos isso –, há ainda os municípios. Então, a depender da situação, uma atividade empresarial poderá ter de se submeter a uma lei ambiental que poderá ser federal, ou estadual, ou municipal.

A existência dessa sobreposição de ordens jurídicas sobre um mesmo território exige que a Constituição aponte, da forma mais clara possível, a atribuição de cada ente, para que não haja insegurança jurídica. A população precisa saber a quem ela deve obedecer em cada caso e a quem ela deve recorrer diante de situações que sejam de interesse público. Viu-se claramente essa dúvida na República Federativa do Brasil, em 2020, durante a pandemia de Covid-19. Podem prefeitos e governadores bloquear estradas que dão acesso às suas regiões? Podem fechar aeroportos, para controlar a propagação da doença? A questão teve de ser analisada pelo Supremo Tribunal Federal no julgamento da Ação Direta de Inconstitucionalidade (ADI) n. 6.341 (Brasil, 2020b), que será examinada oportunamente.

Uma das funções da Constituição Federal é assegurar a coexistência saudável entre os múltiplos ordenamentos. Ao tratar da repartição de competências, vislumbram-se modelos verticais e horizontais. No primeiro, a União, na esfera legislativa, traça as regras gerais e os princípios sobre determinado tema. Os outros membros da federação, partindo da norma federal, esmiúçam o tema, preenchem as lacunas e criam uma norma adaptada às próprias realidades. Na repartição horizontal, não se admite a concorrência entre normas de diferentes esferas. Esse modelo horizontal, segundo Mendes e Branco (2011, p. 830), admite três soluções possíveis, a saber: "Uma delas efetua a enumeração exaustiva da competência de cada esfera da Federação; outra, discrimina a competência da União deixando aos Estados-membros os poderes reservados (ou não enumerados); a última, discrimina os poderes dos Estados-membros, deixando o que restar para a União".

No caso do Brasil contemporâneo, como veremos, vislumbram-se elementos dos dois modelos.

Percebemos que o Estado federal é caracterizado por duas tendências: "a *unitária* representada pela União, e a *disjuntiva* (federativa) representada pelos Estados federados" (Silva, 2019, p. 498, grifo do original). Se a Constituição adota um modelo de fortalecimento da União em detrimento dos estados, temos o federalismo centrípeto, também chamado de *federalismo "por agregação ou associação"* (Horta, 2010, p. 274-275). Se, por outro lado, a preservação do poder dos estados é o foco principal, então teremos um federalismo centrífugo ou por segregação (Horta, 2010).

Atualmente, busca-se acentuar um federalismo de cooperação, calcado no equilíbrio entre as esferas e na busca da união de esforços para atender a questões como educação e saúde pública. Guarda relação com o estado de bem-estar social e se destacam relações de coordenação e solidariedade. Em sentido contrário, existe o federalismo de subordinação ou "de fachada", no qual o poder central facilmente intervém nos assuntos dos estados, resultando em uma corrupção do modelo cooperativo (Lenza, 2018).

Os Estados-membros precisam, como já foi dito, de autonomia administrativa e de competência para legislar sobre as questões de próprio interesse. Mas, para que haja uma verdadeira federação, urge que os entes tenham também autonomia financeira. Um governador será submisso ao chefe do executivo se deste depender economicamente, ainda que a constituição lhe tenha conferido poderes para administrar seu estado. Diga-se o mesmo dos municípios. Assim, tal como asseveram Mendes e Branco (2011), as constituições federativas devem prever formas de repartição de rendas, a fim de garantir a autonomia e igualmente, poder econômico para que os Estados-membros desempenhem suas funções. No caso do Brasil, cada ente – União, estados e municípios – podem criar tributos previstos na Constituição. Além disso, os estados, o Distrito Federal e os municípios se beneficiam do repasse de receitas oriundas de impostos federais (Mendes; Branco, 2011).

Embora não haja uma relação de hierarquia entre a União e os estados-membros, há de haver alguns mecanismos que garantam a harmonia e a sobrevivência da federação. Assim, por exemplo, é a existência de uma corte superior, de abrangência nacional – como o Supremo Tribunal Federal, no Brasil – com poderes para "interpretar e proteger a Constituição Federal, e dirimir litígios ou conflitos entre a União, os estados e outras pessoas jurídicas de direito interno" (Horta, 2010, p. 275). Outro instrumento a considerar é a possibilidade de intervenções federais nos estados, para restabelecer o bom funcionamento das entidades federadas e o respeito ao sistema normativo, nas hipóteses previstas pela Constituição.

No momento presente, observa-se que o aumento das atribuições assumidas pelos países em prol do desenvolvimento econômico e social tem exigido grandes recursos, que extrapolam as capacidades e os limites territoriais dos estados-membros. Mesmo as ações de interesse local têm exigido ações integradas em esfera nacional. Podemos observar esse fenômeno nas questões ligadas ao meio ambiente, à saúde pública, à previdência social, ao combate ao crime organizado etc. Atualmente, nas palavras de Franco (2019, p. 273), constata-se uma "invasão irreversível dos poderes da União em áreas anteriormente reservadas à competência dos estados-membros."

Não há uma superioridade intrínseca do modelo federal sobre o Estado unitário. É uma questão que depende da natureza de cada estado, podendo envolver raízes históricas e culturais bem como imposições de ordem geográfica. Observa-se que países com grande extensão territorial (como Rússia, Brasil, Estados Unidos, Argentina e Austrália) ou grande diversidade cultural (como Canadá, Índia, Rússia e Suíça) tendem a adquirir maior liberdade individual ou eficiência administrativa no tipo de Estado federal.

— 1.2 —
A experiência brasileira

O Império do Brasil (1822-1889), por índole centralizador, resistiu o quanto pôde às forças políticas regionais, que clamavam por maior autonomia das autoridades administrativas provinciais e de suas casas legislativas.

O Império do Brasil tinha como espinha dorsal a Constituição de 1824, que sofreu apenas uma emenda: o "Ato Adicional" de 1834. Foi a mais longeva Constituição brasileira. Bonavides (2011, p. 362, nota 2) informa que, pouco depois da abdicação do Imperador D. Pedro I, ocorrida em 1831, os líderes reformistas mais radicais lograram aprovar, na Câmara dos Deputados, um projeto para criar uma monarquia federativa, o qual, no entanto, foi detido pelos senadores, que tinham um perfil mais conservador.

Desde a deposição do Imperador D. Pedro II (1889), as constituições brasileiras serão marcadas pelo formato do Estado republicano e federativo. Os modelos de federação, entretanto, vão se mostrar díspares e, no caso da Constituição de 1937, a descentralização será apenas simbólica.

No campo da política e da administração pública, a interação entre a presidência da República, os governos estaduais e municipais passam, necessariamente, por essa realidade constitucional. Os possíveis níveis de descentralização geram grande impacto, na saúde, na educação pública, na aplicação da justiça e em outros tantos aspectos que vão influenciar, para o bem ou para o mal, a vida de todos os brasileiros. Assim, para uma melhor compreensão da realidade atual, é essencial vislumbrar as constituições brasileiras do passado, no que tange à evolução do nosso federalismo.

— 1.2.1 —
A Constituição de 1891

O Brasil deixou de ser um Estado unitário já no dia da Proclamação da República, em 15 de novembro de 1889, uma vez que o governo provisório, encabeçado pelo marechal Deodoro da Fonseca, mediante o Decreto n. 1, anunciou a formação de uma República Federativa e determinou que (Brasil, 1889):

> Art. 2º As Províncias do Brasil, reunidas pelo laço da Federação, ficam constituindo os Estados Unidos do Brasil.
>
> Art. 3º Cada um desses Estados, no exercício de sua legítima soberania, decretará oportunamente a sua constituição definitiva, elegendo os seus corpos deliberantes e os seus Governos locais.

A redação da Constituição de 1891, portanto, já partiu desses pressupostos para apenas detalhar como essa estrutura funcionaria.

A União teve seus poderes enumerados para atender a questões que foram consideradas de interesse nacional. Podia, por exemplo, legislar sobre direito civil e direito criminal, pesos e medidas, navegação de rios que banhassem mais de um estado, resolver conflitos de fronteira entre os estados, fixar os efetivos das forças armadas, dentre outras questões (Brasil, 1891, art. 34). Admitia-se, também, a existência de poderes implícitos, extraídos da lógica do sistema.

Os estados ganharam ampla autonomia para cuidar de sua organização interna. A eles atribuiu-se, seguindo o modelo norte-americano, "todo e qualquer poder ou direito, que lhes não for negado por cláusula expressa ou implicitamente contida nas cláusulas expressas da Constituição" (Brasil, 1891, art. 65, parágrafo 2°). Os estados podiam legislar sobre temas que hoje lhes são vedados como, por exemplo, direito processual civil. A eles pertenciam "as minas e terras devolutas situadas nos seus respectivos territórios" (Brasil, 1891, art. 64).

Embora os municípios não fizessem parte da federação, os estados deviam respeitar a autonomia daqueles "em tudo quanto respeite ao seu peculiar interesse" (art. 68).

A Constituição do Rio Grande do Sul talvez seja o melhor exemplo do grau de liberdade atribuída aos estados pela Constituição de 1891. A presidência do estado somente poderia ser concedida aos rio-grandenses natos (Rio Grande do Sul, 1891, art. 12). O presidente do Estado – esse era o termo usado para nomear o governador – tinha poderes típicos do Poder Judiciário para declarar sem efeito as leis municipais, quando estas infringissem leis federais e estaduais (art. 20, parágrafo 18). Outro aspecto curioso, no Rio Grande do Sul, era a total liberdade para se exercer qualquer profissão (art. 71, parágrafo 17), fosse na área da Medicina ou do Direito (Rio Grande do Sul, 1891).

Esse sistema, no entanto, enfraqueceu em demasia o poder dos presidentes da República. Estes não teriam um papel relevante sem o apoio dos governadores. Esse sistema deu pretexto à "política dos governadores" e fortaleceu os "coronéis" (Silva, 2019, p. 81-82), líderes locais que, pelo voto de cabresto, elegiam deputados, senadores e governadores. Essa estrutura oligárquica gerou revoltas populares, como as de Canudos e Contestado, além de levantes militares, alguns com viés de modernização do panorama político e social. A resistência desse modelo não suportou as consequências econômicas e políticas da grave crise que se abateu sobre o mundo após a quebra da Bolsa de Valores de Nova York de 1929.

A Constituição de 1891 foi, como vimos, a mais longeva do nosso período republicano e também aquela que mais autonomia concedeu aos estados. Deixou de existir com o advento da Revolução de 1930 e, mais especificamente, do Decreto n. 19.398/1930 que entregou ao governo provisório, encabeçado por Getúlio Vargas, poderes ditatoriais.

— 1.2.2 —
A Constituição de 1934

Ao tomar o poder pelas armas, em 1930, Getúlio Vargas, de um lado, combateu a influência dos "coronéis" e, de outro, não teve pressa em fazer votar uma nova Constituição. A Constituição de 1934 "não era tão bem estruturada quanto a primeira" (Silva, 2019, p. 83). Ela nasceu de diferentes influências vindas do exterior, tal como a Constituição do México, de 1917, a Constituição alemã "de Weimar", de 1919, e alguns elementos do fascismo italiano. Embora de curta duração, marcou a passagem do liberalismo para o Estado social e intervencionista.

No campo da federação, ampliou os poderes da União. O que, no entanto, merece ser destacado foi o fato de ter previsto, pela primeira vez, a existência de certos temas que poderiam ser submetidos a normas gerais fixadas pela União e complementadas pelos estados. Esse modelo, inspirado na Constituição de Weimar (Alemanha, 1919), é a chamada *competência concorrente não cumulativa*, também presente na Constituição de 1988, a qual será mais bem compreendida no Capítulo 2.

A colaboração entre a União e os estados também podia se materializar por meio de acordos "para a melhor coordenação e desenvolvimento dos respectivos serviços, e, especialmente, para a uniformização de leis, regras ou práticas, arrecadação de impostos, prevenção e repressão da criminalidade e permuta de informações" (Brasil, 1934, art. 9º).

Dentro do espírito cooperativo, marcante da Carta de 1934, competia às duas esferas da federação as ações em prol da saúde e da educação públicas, dentre outras questões (Brasil, 1934, art. 10º).

Ela também discriminou, de forma mais clara, as fontes tributárias da União, dos estados e municípios, aumentando a autonomia financeira (Silva, 2019).

Ainda que tenha durado pouco, a Constituição de 1934 viria a inspirar a Constituição de 1946 e também a atual.

— 1.2.3 —
A Constituição de 1937

A Constituição de 1937 foi outorgada por Getúlio Vargas, dando início a um período ditatorial. Muitos de seus artigos, relacionados ao funcionamento dos poderes da República, nunca foram utilizados, uma vez que o Parlamento ficou fechado e o art. 180 estipulava o seguinte:

> "Enquanto não se reunir o Parlamento nacional, o Presidente da República terá o poder de expedir decretos-leis sobre todas as matérias da competência legislativa da União".

Em suma, o país foi governado por decretos-lei até o fim da ditadura, em 1945.

No que interessa ao nosso estudo, a Carta de 1937 colocou os estados em situação de subordinação. O Presidente Getúlio

Vargas podia, com grande facilidade, indicar interventores para administrar os estados (Brasil, 1937, art. 9º), assim como transformá-los em territórios da União caso se mostrassem incapazes de arrecadar as receitas necessárias para o próprio sustento (Brasil, 1937, art. 8º, parágrafo único). E, na prática, foi o que fez.

A federação deixou de existir, pois todos os governadores, com exceção do de Minas Gerais, foram substituídos por interventores. Ademais, foram abolidas as bandeiras, os escudos e os hinos dos estados (Frota, 2000).

A queima das bandeiras dos estados

É possível, após pesquisa na internet, assistir à cerimônia com a qual o Presidente Getúlio Vargas, em 1938, aboliu as bandeiras, os escudos e o hinos dos estados brasileiros. Terminada a missa campal, e hasteada a bandeira do Brasil, as bandeiras estaduais foram queimadas. A título de exemplo, veja o vídeo do *Estado Novo: queima das bandeiras estaduais, 1938*, no seguinte link: <https://www.youtube.com/watch?v=jzu_7hT45bU>. Acesso em: 16 set. 2020.

— 1.2.4 —
A Constituição de 1946

Esta Constituição marca o fim da ditadura de Getúlio Vargas e a "restauração do federalismo, nos moldes clássicos da tradição republicana de 1891" (Sarlet; Marinoni; Mitidiero, 2019, p. 251).

O modelo inicial para a Assembleia Constituinte de 1946 foi a Constituição de 1934. Isso resultou em uma União Federal com mais poderes do que no modelo de 1891, mas em moldes cooperativos, no que tange à repartição de receitas tributárias da União (Horta, 2010). Isso significa dizer que parte da arrecadação da União era repassada aos estados e municípios e ao Distrito Federal. Afinal, como já estudamos, a autonomia política e administrativa somente é possível quando acompanhada de autonomia financeira.

A Carta de 1946 também previu um longo rol de temas em que a regulamentação por parte da União poderia ser suplementada ou complementada por normas estaduais. Isso incluía temas sensíveis como "emigração e imigração" e "incorporação dos silvícolas à comunhão nacional" (Brasil, 1946a, art. 6º).

Durante a vigência da Constituição de 1946, o país passou por algumas crises graves, que culminaram com a derrubada do Presidente João Goulart no dia 31 de março de 1964.

— 1.2.5 —
A Constituição de 1967

Com a declaração de vacância da presidência da República, o Marechal Castelo Branco foi eleito presidente pelo Congresso Nacional. Desde então, a Constituição de 1946 foi perdendo a função, dadas as ações legiferantes do Regime Militar que se iniciava. Foram 4 Atos Institucionais e 37 Atos Complementares (Silva, 2019) até que a Carta de 1946, desfigurada, fosse substituída pela Constituição de 1967 (Brasil, 1967).

Naquilo que interessa ao presente estudo, ela foi marcada pelo fortalecimento da União Federal e do presidente da República. Além disso, avançou no campo do federalismo cooperativo, "consistente na participação de uma entidade na receita de outra" (Silva, 2019, p. 89).

Pelo Ato Institucional n. 5 de 1968, outorgado pelo presidente da República (Brasil, 1968), este poderia "fechar as casas legislativas das três esferas da Federação, exercendo as suas funções, enquanto não houvesse a normalização das circunstâncias" (Mendes; Branco, 2011, p. 115). Mais uma vez, houve um enfraquecimento da autonomia dos estados. Pouco tempo depois, com o afastamento do Presidente Costa e Silva, por motivos de saúde, uma junta militar, composta pelos ministros das três forças (Exército, Marinha e Aeronáutica) outorgou a Emenda Constitucional n. 1/1969 que, para alguns, foi uma nova Constituição (Silva, 2019).

A partir do final do governo do General Geisel (entre 1974-1979), o Regime Militar entrou em um processo de descompressão das medidas restritivas no campo dos direitos políticos. Durante o governo do General Figueiredo (entre 1979-1985), além da aprovação da Lei de Anistia, as eleições para os governos estaduais (em 1982) transcorreram normalmente, quando os partidos de oposição saíram vitoriosos nos estados mais ricos da Federação (São Paulo, Rio de Janeiro e Minas Gerais).

Com a eleição do oposicionista Tancredo Neves (em 1985) pelo Congresso Nacional, o Regime Militar chegava ao fim. Era necessária, sem sombra de dúvidas, adotar outra Constituição, que refletisse a nova realidade política do país.

— 1.2.6 —
A Constituição de 1988 e síntese da experiência federativa no Brasil

A Constituição de 1988 não apenas concluiu o longo processo de redemocratização do Brasil, como também teve o mérito de retomar o caminho da nossa tradição federativa.

O Título III da CRFB, dentre outros temas, trata "Da Organização do Estado", o que inclui nossa organização político-administrativa, além dos bens, da competência, e da organização da União, dos estados, dos municípios, do Distrito Federal e dos territórios (Brasil, 1988).

A atual Carta retoma a via da descentralização política e administrativa, mas com limites. Além de vedar a secessão, ou seja, a saída de um estado da Federação, também ameaça com a intervenção certos comportamentos. Afinal, valores como o sistema representativo e o regime democrático, dentro de um estado, por vezes precisarão ser garantidos pela União Federal. Seguindo a tradição norte-americana, a existência da União é também uma garantia para a manutenção da liberdade e da democracia em todos os entes federados. Esse tema será mais bem trabalhado no Capítulo 4.

A União, pessoa jurídica de direito público interno, é autônoma em relação aos estados e tem atribuições previstas na Constituição. Os estados-membros (estados federados), são igualmente autônomos e dotados de governo próprio.

A Constituição de 1988 apresentou uma novidade, bastante controversa, ao incluir o município e o Distrito Federal como entes da Federação. Trataremos desse assunto no próximo capítulo.

Nesse sentido, em uma Federação, como a brasileira, é natural que se encontre três ordens jurídicas (União, estado, município) incidindo sobre um mesmo território e uma mesma população. Em alguns casos, como os relacionados ao meio ambiente, essa sobreposição efetivamente gera conflitos de competência bastante complexos. Quando eles ocorrem, cabe ao Poder Judiciário dirimi-los. Foi o que se viu, em 2020, em meio ao combate à pandemia de Covid-19, quando surgiram dúvidas relacionadas à competência para implantação de regras de quarentena.

Estados, municípios e União tiveram, em muitas situações, estratégias divergentes.

Nesse contexto, "impõe-se a adoção de mecanismo que favoreça a eficácia da ação estatal, evitando conflitos e desperdício de esforços e recursos. A repartição de competências entre as esferas do federalismo é o instrumento concebido para esse fim" (Mendes; Branco, 2011, p. 829).

Para tanto, o modelo brasileiro foi evoluindo, da Constituição de 1891 até a presente, sempre tentando definir o ponto fulcral de qualquer federação: a melhor repartição das competências entre os seus entes.

Sobre esse aspecto, Mendes e Branco (2011, p. 829-830) observam:

> O modo como se repartem as competências indica que tipo de federalismo é adotado em cada país. A concentração de competências no ente central aponta para um modelo centralizador (também chamado centrípeto); uma opção pela distribuição mais ampla de poderes em favor dos Estados-membros configura um modelo descentralizador (ou centrífugo). Havendo uma dosagem contrabalançada de competências, fala-se em federalismo de equilíbrio.

Não há uma fórmula que permita dizer qual desses modelos é o melhor, isso dependerá das condições de cada país.

Lembre-se de que, na primeira Carta republicana, optou-se pelo sistema que concedia à União apenas os poderes enumerados e os poderes implícitos que pudessem ser interpretados com base na Constituição. Deixava-se ao estado todo o resto (poderes não enumerados), salvo as questões de interesse local dos municípios.

Desde a Constituição de 1934 também se passou a admitir, em alguns casos, que os estados pudessem legislar para suplementar ou complementar normas federais, especialmente para suprir lacunas ou atender peculiaridades locais (Brasil, 1934, art. 5º, parágrafo 3º).

Esse modelo, presente na Constituição de 1988, deriva, como observa Alexandre de Moraes (2012, p. 326), do art. 10º da Constituição alemã de 1919 e "consiste em permitir ao governo federal a fixação das normas gerais, sem descer a pormenores, cabendo aos Estados-membros a adequação da legislação às peculiaridades locais". Assim, pode a União legislar sobre o patrimônio histórico ou cultural, sem impedir que os outros entes da Federação, em caráter concorrente, também legislem em defesa desses valores (Brasil, 1988, art. 24).

Discute-se ainda a vocação do Brasil para o federalismo. Por um lado, dadas as dimensões continentais do Brasil, somadas à diversidade em diferentes campos, o país seria naturalmente federativo. Ademais, os republicanos de 1889 elevaram o federalismo à ideologia de Estado, o que se mantém até hoje.

O art. 1º da Constituição de 1988, reproduzindo constituições brasileiras anteriores, afirma que a República Federativa do Brasil é "formada pela união indissolúvel dos Estados e Municípios e do Distrito Federal" (Brasil, 1988). E não é uma afirmação vazia. A Lei de Segurança Nacional (Lei n. 7.170, de 14 de dezembro de 1983) pune com reclusão de 4 a 12 anos aquele que "tentar desmembrar parte do território nacional para constituir país independente" (Brasil, 1983, art. 11).

Haveria, no entanto, um obstáculo cultural ao federalismo. Na visão de Paulo Napoleão Nogueira da Silva (2009, p. 550):

> [...] o Estado e a sociedade brasileiros têm marcada vocação unitária, em virtude dos quase quatrocentos anos de sua formação com essa forma de organização político-administrativa, o que sedimentou e tornou habituais certas óticas e comportamentos, pouco alterados pelos seguintes pouco mais de cem anos de federalismo.

Em suma, a federação era uma realidade e uma necessidade, mas a sociedade brasileira continuaria inclinada a buscar a solução para os seus problemas na figura imponente da União. O sistema federativo brasileiro foi aprimorado ao longo de um século de erros e acertos. A consequência desse processo você perceberá ao longo dos próximos capítulos.

Capítulo 2

A União

No federalismo brasileiro, a União é o ente sobre o qual recai a maior influência, seja ela de fato – pelos poderes que lhe são atribuídos pela Constituição – seja ela de ordem moral, por conta de nossa tradição republicana.

No presente capítulo, trataremos dos bens e da competência da União Federal. Alguns aspectos relacionados à competência da União acabarão por adiantar temas do próximo capítulo, dada a natural correlação. Assim ocorre, por exemplo, com a competência legislativa concorrente (Brasil, 1988, art. 24), cujas normas de caráter geral, que emanam da União, deixam margem para a competência legislativa suplementar dos estados.

Na Constituição de 1988, seguindo a evolução do nosso federalismo, buscou-se adotar um discurso programático para amenizar as desigualdades regionais e combater os desníveis socioeconômicos entre os estados. Esses objetivos se refletem na estrutura do atual sistema de repartição de competências.

— 2.1 —
A natureza da União

A estrutura federativa por vezes gera algumas confusões. No sistema brasileiro, há de se ter clara a distinção entre o Estado Federal e a União Federal (Moraes, 2012).

Como esclarece Silva (2019, p. 102), o "Estado Federal é o todo, dotado de personalidade jurídica de Direito Público internacional" e "único titular da soberania". É a República Federativa do Brasil, que tem relações diplomáticas com outros países e assento na Organização das Nações Unidas (ONU).

Por sua vez, a União é um dos componentes autônomos do Estado Federal, pessoa jurídica de direito público interno. Como diz o art. 18 da CRFB: "A organização político-administrativa da República Federativa do Brasil compreende a União, os Estados, o Distrito Federal e os Municípios, todos autônomos, nos termos desta Constituição" (Brasil, 1988).

Desse modo, o presidente da República é, ao mesmo tempo, "Chefe do Estado brasileiro e Chefe do Governo Federal (Governo da União) – Chefe do Poder Executivo da União (art. 2º)" (Silva, 2019, p. 498).

A ordem jurídica da União, no que tange às questões submetidas à sua competência, abrange todo o território da República Federativa do Brasil.

A população da República Federativa e a da União também coincidem. Por outro lado, como a ordem jurídica da República Federativa é a soma da ordem jurídica (e das competências) de todas as entidades autônomas da Federação, sua abrangência é maior do que a da ordem jurídica da União (Silva, 2019).

A República contém todas as normas, de todos os entes da Federação. Ainda assim, embora a República seja o todo, seja a materialização do Estado Nacional soberano, Moraes (2012, p. 289) lembra que cabe à União agir em nome de toda a Federação "quando [...] relaciona-se internacionalmente com os demais países". Paulo Branco (2011, p. 832) afirma que a União "é quem age em nome da Federação". E isso decorre da CRFB que, no art. 21, inciso I, determina competir à União "manter relações com Estados estrangeiros e participar de organizações internacionais".

— 2.2 —
Os bens da União

De acordo com o art. 64 da Constituição de 1891, pertenciam aos estados "as minas e terras devolutas situadas nos seus respectivos territórios" (Brasil, 1891). Era o reflexo de um federalismo que prezava uma maior autonomia dos seus entes constituintes. Viu-se que o Brasil, a partir de 1934, foi abandonando esse modelo.

O rol dos bens pertencentes à União, na Carta de 1988, reflete o espírito centralizador do modelo atual, uma vez que esta atribuiu àquela, nas palavras de Silva (2009, p. 543), "uma considerável parcela do território e dos recursos naturais do País".

Os bens da União estão enumerados no art. 20 da CRFB. São eles:

> I – os que atualmente lhe pertencem e os que lhe vierem a ser atribuídos;
>
> II – as terras devolutas indispensáveis à defesa das fronteiras, das fortificações e construções militares, das vias federais de comunicação e à preservação ambiental, definidas em lei;
>
> III – os lagos, rios e quaisquer correntes de água em terrenos de seu domínio, ou que banhem mais de um Estado, sirvam de limites com outros países, ou se estendam a território

estrangeiro ou dele provenham, bem como os terrenos marginais e as praias fluviais;

IV – as ilhas fluviais e lacustres nas zonas limítrofes com outros países; as praias marítimas; as ilhas oceânicas e as costeiras, excluídas, destas, as que contenham a sede de Municípios, exceto aquelas áreas afetadas ao serviço público e a unidade ambiental federal, e as referidas no art. 26, II;

V – os recursos naturais da plataforma continental e da zona econômica exclusiva;

VI – o mar territorial;

VII – os terrenos de marinha e seus acrescidos;

VIII – os potenciais de energia hidráulica;

IX – os recursos minerais, inclusive os do subsolo;

X – as cavidades naturais subterrâneas e os sítios arqueológicos e pré-históricos;

XI – as terras tradicionalmente ocupadas pelos índios. (Brasil, 1988)

Portanto, não são necessariamente bens que a União ocupa fisicamente ou sobre os quais ela possua uma fiscalização constante. Vê-se, por exemplo, a exploração descontrolada, operada pelos garimpos ilegais de diamantes, especialmente no Norte do país. São recursos minerais (Brasil, 1988, art. 20, inc. IX) pertencentes à União que estão sendo apropriados e, muito frequentemente, levados para fora do país, com grande prejuízo à nação.

Esses garimpos, não raro, são realizados em terras indígenas (Brasil, 1988, art. 20, inc. XI).

Ao tempo da demarcação da terra indígena Raposa Serra do Sol, no início deste século, houve um vivo debate a respeito dos efeitos desse ato sobre o território e a economia do Estado de Roraima e de alguns municípios. Afinal, é um território de "1,7 milhão de hectares de área contínua situados nos municípios roraimenses de Normandia, Pacaraima e Uiramutã" (Brasil, 2008c, s.p.). Grande parte da produção de arroz do estado seria, como de fato foi, afetada. Havia ainda a questão da retirada de toda a população não índia da região, no prazo de um ano a contar do decreto presidencial de homologação (Brasil, 2008c). Discutia-se se a União Federal poderia causar tal prejuízo a outras entidades da Federação.

Um dos pontos de partida para a solução do litígio foi, justamente, a questão relacionada aos bens da União. Assim decidiu o STF ao examinar, em 2009, a Petição n. 3.388:

> Todas as "terras indígenas" são um bem público federal (inciso XI do art. 20 da CF), o que não significa dizer que o ato em si da demarcação extinga ou amesquinhe qualquer unidade federada. Primeiro, porque as unidades federadas pós-Constituição de 1988 já nascem com seu território jungido ao regime constitucional de preexistência dos direitos originários dos índios sobre as terras por eles "tradicionalmente ocupadas". (Brasil, 2010b, s.p.)

Em outras palavras, na visão do STF, as terras indígenas já eram um bem da União. O ato demarcatório apenas confirmou uma realidade preexistente. As unidades federadas, portanto, nada perderam. Afinal, só se perde aquilo que se tem – o que se pode discutir é se os limites foram corretamente traçados.

Outro aspecto relevante envolve os terrenos de marinha (Brasil, 1988, art. 20, inc. VII). A estes correspondem, segundo o art. 2º do Decreto-Lei n. 9.760/1946, as faixas de terra de 33 metros de extensão, medidas horizontalmente, "para a parte da terra, da posição da linha do preamar-médio de 1831", englobando o litoral brasileiro, as margens dos rios e lagoas, até onde se faça sentir a influência das marés, assim como "as ilhas situadas em zona onde se faça sentir a influência das marés" (Brasil, 1946b). Nesse contexto, estão em terreno de marinha alguns dos edifícios mais valorizados das cidades balneárias, assim como de grandes centros, como as cidades de Rio de Janeiro, Florianópolis e Vitória. E, como leva em conta o traçado da costa em 1831, o terreno de marinha atinge edificações que hoje – por conta de sucessivos aterramentos – encontram-se longe das praias. Isso é especialmente verdadeiro no caso da cidade de Vitória, capital do Espírito Santo. A consequência prática disso é que os imóveis situados nessas faixas de terra pertencem à União. Os particulares que edificaram prédios sobre estes terrenos são, tecnicamente, possuidores ou semiproprietários (Silva, 2009) em regime de enfiteuse. Dada essa situação, submetem-se ao pagamento de taxas de ocupação, foros e laudêmios em favor da União.

O foro, por exemplo, é uma taxa de 0,6% sobre o valor do terreno, ao passo que o laudêmio é um percentual devido à União no caso de transmissão do bem, por ato *inter vivos*, caso ela não exerça o direito de preferência na compra.

Quanto aos "recursos naturais da plataforma continental e da zona econômica exclusiva" (Brasil, 1988, art. 20, inc. V), o exemplo mais óbvio envolve as gigantescas reservas de petróleo disponíveis ao longo do nosso litoral. Ao passo que a zona econômica exclusiva se estende por 200 milhas marítimas (art. 6º da Lei n. 8.617, de 4 de janeiro de 1993), a plataforma continental envolve uma faixa de terras submersas cuja extensão varia consideravelmente em função da profundidade (Brasil, 1993a). Essas regiões, que fornecem 95% do petróleo, 45% do pescado e 80% do gás produzidos pelo Brasil formam o que hoje se chama de "nossa Amazônia Azul" (Brasil, 2020h, s.p.).

Todo esse patrimônio expressivo da União, com grande potencial para a produção de receita, desperta interesse dos estados, do Distrito Federal e dos municípios. O parágrafo 1º do art. 20 da CRFB deixa uma via aberta em favor destes, ao estatuir que:

> É assegurada, nos termos da lei, à União, aos Estados, ao Distrito Federal e aos Municípios a participação no resultado da exploração de petróleo ou gás natural, de recursos hídricos para fins de geração de energia elétrica e de outros recursos minerais no respectivo território, plataforma continental, mar territorial ou zona econômica exclusiva, ou compensação financeira por essa exploração. (Brasil, 1988)

Esse dispositivo deu origem às normas que tratam da distribuição dos *royalties* devidos à União, aos estados, aos municípios e ao Distrito Federal como compensação financeira pela exploração de petróleo, de gás natural e de outros hidrocarbonetos fluidos. Eles correspondem a uma alíquota de 15% do valor da produção, de acordo com a redação dada pela Lei n. 12.734, de 30 de novembro de 2012.

Um tema incidental a esta seção é a questão dos territórios federais que, de acordo com a CRFB, "integram a União" (Brasil, 1988, art. 18, parágrafo 2º). São faixas de território da República, normalmente dotadas de população própria, mas que não têm o *status* de membros da Federação. Isso ocorre porque são entidades autárquicas ou, como afirma Moraes (2012, p. 307), "constituem simples descentralizações administrativas-territoriais da própria União".

O fato de os territórios integrarem a União não significa que sejam bens desta, uma vez que parcelas expressivas deles podem pertencer a particulares, como ocorre com os imóveis urbanos e rurais. O que caracteriza o território é o fato de ser um espaço geográfico que é administrado não por um estado da Federação, mas pela própria União, de forma descentralizada.

Os últimos territórios federais existentes no Brasil foram Fernando de Noronha, Roraima e Amapá. Por força do art. 15 do Ato das Disposições Constitucionais Transitórias (ADCT), o primeiro foi reincorporado ao Estado de Pernambuco. Já Roraima e Amapá foram transformados em estados (Brasil, 1988, art. 14 do ADCT).

A criação de novos territórios depende de lei complementar (Brasil, 1988, art. 18, parágrafo 2º). No passado, eles estiveram relacionados a regiões que são pouco povoadas, que são isoladas ou cujo desenvolvimento dependia de grandes investimentos federais. Constituíam, portanto, regiões de interesse especial para a República como um todo. Em 1943, usando dos poderes especiais que o art. 180 da Constituição de 1937 lhe atribuía, Getúlio Vargas criou "com partes desmembradas dos Estados do Pará, do Amazonas, de Mato Grosso, do Paraná e de Santa Catarina, os Territórios Federais do Amapá, do Rio Branco, do Guaporé, de Ponta Porã e do Iguassú" (art. 1º do Decreto-Lei n. 5.812, de 13 de setembro de 1943). Naquela oportunidade, o argumento utilizado foi o da defesa nacional, dado que o mundo atravessava as inseguranças da Segunda Guerra Mundial, e esses territórios se localizavam junto às nossas fronteiras com outros países latino-americanos.

Na concepção atual, os territórios poderão ser divididos em municípios, e aqueles que tiverem mais de 100 mil habitantes serão dotados de "órgãos judiciários de primeira e segunda instância, membros do Ministério Público e defensores públicos federais" (Brasil, 1988, art. 33, parágrafos 1º e 3º).

— 2.3 —
As competências da União Federal

No capítulo anterior, ressaltamos que, para a efetiva realização da autonomia pleiteada pelos estados que compõem uma federação, há de se ter uma norma – uma Constituição – que aponte e delimite as competências de cada esfera federativa.

De acordo com Silva (2019, p. 483): "Competência é a faculdade juridicamente atribuída a uma entidade ou órgão ou agente do Poder Público para emitir decisões. Competências são as diversas modalidades de poder de que se servem os órgãos ou entidades estatais para realizar suas funções".

A repartição de tais modalidades de poder deve seguir alguns princípios, em prol da eficiência e do equilíbrio, de modo que cada membro da Federação possa realizar seus objetivos. Uma adequada repartição também contribuirá para que se evitem os desperdícios de recursos. É, pois, uma questão que demanda boa técnica jurídica (Horta, 2010).

Já falamos, no Capítulo 1, do modelo clássico presente na Constituição dos Estados Unidos, o qual inspirou nossa Carta de 1891. A atual Constituição brasileira ainda mantém, em parte, aquele modelo, ao estatuir que: "São reservadas aos Estados as competências que não lhes sejam vedadas por esta Constituição" (Brasil, 1988, art. 25, parágrafo 1º). Mas não se esgota nessa solução.

A Constituição de 1988 preocupou-se em separar as competências materiais (de ordem administrativa) das competências para legislar (legislativas), sem olvidar das competências tributárias. Especialmente no que tange às duas primeiras, buscou levar em conta o princípio da predominância do interesse. Assim, segundo Alexandre de Moraes (2012, p. 315): "[...] à União caberá aquelas matérias e questões de predominância do interesse geral, ao passo que aos Estados referem-se as matérias de predominante interesse regional e aos municípios concernem os assuntos de interesse local".

De acordo com o entendimento do STF (Brasil, 2019e, s.p.), a predominância do interesse deve ser também levada em conta quando da interpretação das normas constitucionais, quando "envolvem várias e diversas matérias". Assim, por exemplo, se uma lei estadual impõe regras aos planos de saúde, é preciso avaliar se o interesse da norma envolve direito civil (contratos), direito comercial, direito do consumidor, saúde ou contrato de seguro, para que se possa concluir se a matéria seria da competência da União (art. 22, I e VII) ou concorrente com os Estados (art. 24, VIII).

Horta (2010, p. 316), Mendes e Branco (2011, p. 850-853) vislumbram a repartição de competências na Constituição de 1988 em cinco planos. Compatibilizando a visão das duas obras, temos o seguinte:

i. Competência Geral da União, de natureza **material e exclusiva** (arts. 21 e 177 da CRFB);
ii. Competência **comum material** da União, dos Estados, do Distrito Federal e dos Municípios (art. 23, seus incisos e o parágrafo único);

iii. Competência de **legislação privativa** da União (arts. 22, 48, 178 e 194, parágrafo único da CRFB);
iv. Competência **legislativa concorrente** da União, dos Estados e do Distrito Federal (art. 24 e seus parágrafos);
v. Competência dos **poderes reservados dos Estados** (art. 25). Ela é chamada também de competência "**remanescente**" por Moraes (2012, p. 318) ou ainda "**residual**" (Silva, 2019, p. 484).

Atenção!

Perceba que se buscou, na relação anterior, mencionar as diferentes terminologias usadas para cada categoria. Assim, por exemplo, a doutrina trata os termos *competência material* e *competência administrativa* como expressões sinônimas. Isso também ocorre com a *competência remanescente ou residual*, no caso dos estados (Brasil, 1988, art. 25) que são – veja-se aí outro termo – fruto dos poderes "reservados" dos estados. A intenção é permitir a você, leitor, inteirar-se da terminologia usada pelos melhores doutrinadores, para auxiliar o aprofundamento dos estudos. Contudo, alguns termos que são sinônimos para uns autores não o serão para outros. É o caso de *competência privativa* e *competência exclusiva*, que estudaremos em outro tópico.

Antes de aprofundar a questão, é possível observar que a relação apresentada faz referência aos municípios apenas no item III, embora a competência destes não se esgote aí. Horta (2010, p. 316) explica que:

[...] salvo na referência inovadora à competência comum, para fins de preservação de valores e objetivos do Poder Público, o Município, não obstante a elevação a ente constitutivo da organização político-administrativa da República Federativa (art. 18) [...], não participa da repartição federal de competências [...].

Outra advertência, que facilitará a compreensão da sistemática da repartição de competências adotada no Brasil é a de que, como lembra Novelino (2009, p. 588), nossa Constituição

> [...] segue fielmente o modelo dualista norte-americano, no qual o princípio básico consiste na execução direta ou imediata pelo mesmo ente ao qual foi atribuída a competência para legislar. Da mesma forma, se a competência administrativa foi atribuída a uma entidade especifica da federação, cabe a ela legislar sobre aquela matéria.

Embora façamos uso da terminologia dos autores citados, cuidaremos apenas das competências da União neste capítulo. Os demais entes federativos serão tratados no Capítulo 3.

— 2.3.1 —
Competência material da União

A competência material, também chamada de *administrativa*, divide-se entre exclusiva ("competência geral da União") e comum (concorrente). Vejamos cada uma delas na sequência.

Competência geral da União

O cerne da competência geral da União, de **natureza material e exclusiva**, encontra-se no art. 21 da CRFB. Para Silva (2019, p. 485), é aquela competência "atribuída a uma entidade com exclusão das demais". Caracteriza-se por um rol bastante extenso, que envolve questões ligadas à soberania nacional, à segurança do Estado, a tópicos de interesse geral, inclusive na área de autorizações, permissões e concessões, além de outras mais específicas.

Muitos doutrinadores dividem os 25 incisos do art. 21 da CRFB em temas, sem que haja um critério de divisão consensual. Horta (2010, p. 317) aponta os incisos de I a VII como aqueles com base nos quais a União exerce "poderes soberanos", ou seja, relacionados à soberania nacional. São eles:

> I – manter relações com Estados estrangeiros e participar de organizações internacionais;
>
> II – declarar a guerra e celebrar a paz;
>
> III – assegurar a defesa nacional;
>
> IV – permitir, nos casos previstos em lei complementar, que forças estrangeiras transitem pelo território nacional ou nele permaneçam temporariamente;
>
> V – decretar o estado de sítio, o estado de defesa e a intervenção federal;
>
> VI – autorizar e fiscalizar a produção e o comércio de material bélico;
>
> VII – emitir moeda;

Aqui se manifesta uma faceta unitária do federalismo. "A soberania nacional é una, e representada por apenas uma entidade nacional, em que pese a circunstância de tratar-se de Estado federal" (Silva, 2009, p. 552). O mesmo raciocínio pode ser emprestado à questão da defesa nacional, da declaração da guerra e celebração da paz e seus desdobramentos.

Silva (2019, p. 501) denomina *"atribuições administrativas"* exclusivas da União os temas dos incisos VI, VIII, XIII a XVI, XVIII, XIX e XXIV. Segundo esse autor, "fazem parte de sua competência todas as funções administrativas decorrentes de sua organização, tais como as relativas a seu funcionalismo, seus serviços e órgãos". Dentre esses incisos podemos destacar os seguintes:

> VIII - administrar as reservas cambiais do País e fiscalizar as operações de natureza financeira, especialmente as de crédito, câmbio e capitalização, bem como as de seguros e de previdência privada;
>
> XIII - organizar e manter o Poder Judiciário, o Ministério Público do Distrito Federal e dos Territórios e a Defensoria Pública dos Territórios;
>
> XVIII - planejar e promover a defesa permanente contra as calamidades públicas, especialmente as secas e as inundações;
>
> XIX - instituir sistema nacional de gerenciamento de recursos hídricos e definir critérios de outorga de direitos de seu uso;
>
> XXIV - organizar, manter e executar a inspeção do trabalho;

Os dispositivos constitucionais não podem ser examinados isoladamente. Cada um deles interage com outros aspectos do todo. Assim, quando lemos que compete à União "instituir sistema nacional de gerenciamento de recursos hídricos e definir critérios de outorga de direitos de seu uso" (Brasil, 1988, art. 21, XIX), é preciso perceber que essa centralização é mitigada pela competência comum da União, dos Estados, do Distrito Federal e dos Municípios para "registrar, acompanhar e fiscalizar as concessões de direitos de pesquisa e exploração de recursos hídricos e minerais em seus territórios" (Brasil, 1988, art. 23, XI).

Ainda segundo Silva (2019, p. 502), alguns outros incisos podem ser englobados na categoria de "competência na área de prestação de serviços". Dentre esses, a título de exemplo, podemos citar os seguintes do art. 21:

> X – manter o serviço postal e o correio aéreo nacional;
>
> XI – explorar, diretamente ou mediante autorização, concessão ou permissão, os serviços de telecomunicações, nos termos da lei, que disporá sobre a organização dos serviços, a criação de um órgão regulador e outros aspectos institucionais;
>
> XII – explorar, diretamente ou mediante autorização, concessão ou permissão:
>
> a) os serviços de radiodifusão sonora, e de sons e imagens;
>
> b) os serviços e instalações de energia elétrica e o aproveitamento energético dos cursos de água, em articulação com os Estados onde se situam os potenciais hidroenergéticos;

c) a navegação aérea, aeroespacial e a infra-estrutura aeroportuária;

d) os serviços de transporte ferroviário e aquaviário entre portos brasileiros e fronteiras nacionais, ou que transponham os limites de Estado ou Território;

e) os serviços de transporte rodoviário interestadual e internacional de passageiros;

f) os portos marítimos, fluviais e lacustres;

Para Mendes e Branco (2011, p. 850), "o art. 21 não esgota o elenco das competências materiais exclusivas da União". A título de exemplo, há o art. 177 da CRFB que aponta os monopólios da União. Dentre estes, podemos citar, "a pesquisa, a lavra, o enriquecimento, o reprocessamento, a industrialização e o comércio de minérios e minerais nucleares e seus derivados"; "a pesquisa e a lavra das jazidas de petróleo e gás natural e outros hidrocarbonetos fluidos"; e "a refinação do petróleo nacional ou estrangeiro" (incisos I, II e V do referido artigo). Esse monopólio pode exercido pessoalmente ou mediante contrato com empresas estatais ou privadas (parágrafo 1º).

O fato de existirem competências reservadas à União, com exclusividade, faz com que qualquer atuação do estado ou do município nessas esferas seja inconstitucional. Nos setores – ou sistemas jurídico-constitucionais – em que cada ente da Federação tem suas competências assim separadas, estanques, falar-se-á em "repartição horizontal", que, "separa competências como se separasse setores no horizonte governamental" (Ferreira Filho, 2018, p. 81).

Competência comum

O constituinte brasileiro identificou, no art. 23, inciso VI, algumas preocupações e deficiências da sociedade brasileira que, pelo seu impacto, deveriam receber a atenção de todos os entes da Federação. São questões, como a proteção do meio ambiente, em que cumulação de esforços dos diferentes entes deveria ser – assim se pensava – uma preocupação coletiva e digna de cooperação.

Dos temas tratados pelo art. 23, podemos destacar:

> I - zelar pela guarda da Constituição, das leis e das instituições democráticas e conservar o patrimônio público;
>
> II - cuidar da saúde e assistência pública, da proteção e garantia das pessoas portadoras de deficiência;
>
> [...]
>
> V - proporcionar os meios de acesso à cultura, à educação e à ciência;
>
> [...]
>
> VII – preservar as florestas, a fauna e a flora;
>
> VIII – fomentar a produção agropecuária e organizar o abastecimento alimentar;
>
> [...]

XI – promover programas de construção de moradias e a melhoria das condições habitacionais e de saneamento básico [...]. (Brasil, 1988)

Desse modo, permite-se a existência de hospitais da União, dos estados, do Distrito Federal e dos municípios, dado que o cuidado da saúde é uma **competência comum, cumulativa ou paralela** (Brasil, 1988, art. 23, II). Envolvem, como percebemos, preocupações gerais da sociedade brasileira, objetivos da geração de 1988, muitos dos quais não foram alcançados até hoje. Daí a necessidade dos esforços de todos.

O acesso à educação é uma questão tão grave que ultrapassa as ações do estado, caindo também sobre os ombros das famílias, da iniciativa privada e dos órgãos da sociedade civil. Daí dispõe o art. 205 da CRFB: "A educação, direito de todos e dever do Estado e da família, será promovida e incentivada com a colaboração da sociedade, visando ao pleno desenvolvimento da pessoa, seu preparo para o exercício da cidadania e sua qualificação para o trabalho".

O teor do art. 23 da CRFB revela ainda que, para além da ação concomitantemente, não há aqui vinculação hierárquica entre os entes. Assim, todos eles têm atribuição para "combater as causas da pobreza e os fatores de marginalização" (inciso X), sem que a atuação de um venha a restringir as ações ou a competência do outro. **Difere da competência concorrente**, que será vista adiante e na qual se vislumbra a primazia da União.

Ainda assim, há um pequeno risco de que essas ações concorrentes possam gerar atritos entre os membros da Federação. Foi o que se viu na crise disruptiva gerada pelo advento da Covid-19. Sobre a temática, veja o box a seguir.

A competência comum material e o combate à Covid-19

Durante a pandemia de Covid-19, em 2020, a lógica por trás da competência material comum foi colocada à prova logo de início. Alguns governadores de estados, e mesmo alguns prefeitos, determinaram o bloqueio de estradas federais e estaduais para tentar deter o avanço da doença. Houve o fechamento de bares e restaurantes em alguns municípios, dentre outras medidas restritivas. Observou-se, também, o estabelecimento de medidas contraditórias, relativas aos horários de funcionamento das instituições financeiras, por parte de estados e municípios, além de estarem em desacordo com as determinações do Banco Central (MPF, 2020). No caso do Distrito Federal, o Decreto n. 40.537, de 18 de março de 2020, proibiu o atendimento ao público, em todas as agências bancárias, pelo prazo de 15 dias (Distrito Federal, 2020).

O governo federal se opôs a algumas dessas ações e editou a Medida Provisória n. 926, de 20 de março de 2020, alterando a redação da Lei n. 13.979, de 6 de fevereiro de 2020, que dispunha sobre as medidas para enfrentamento da pandemia (Brasil,

2020f, 2020g). Dentre outros aspectos, a Medida Provisória atribuía ao presidente da República a competência para definir os serviços públicos e atividades essenciais cujos funcionamentos deveriam ser mantidos (art. 3º, parágrafo 8º combinado com o parágrafo 9º).

Contra essa Medida Provisória foi ajuizada a Ação Direta de Inconstitucionalidade (ADI) n. 6.341, sob o argumento de que a referida norma violaria a competência comum da União, dos estados, do Distrito Federal e dos municípios, ante o teor do artigo 23, II da CRFB (Brasil, 2020b).

O Procurador-Geral da República se opôs à concessão de medida cautelar, tendente a suspender os dispositivos da Medida Provisória, "tendo em vista os potenciais prejuízos às populações afetadas, em decorrência da legitimação de uma miríade de atos municipais e estaduais que, em descompasso com os parâmetros e condicionamentos previstos na Lei n. 13.979/2020, promovem a interrupção de serviços públicos e atividades de caráter essencial" (MPF, 2020, p. 32).

O Pleno do STF focou o exame da questão na competência comum dos entes da Federação para "cuidar da saúde".

Durante a leitura dos votos, o ministro Alexandre de Moraes ressaltou o federalismo cooperativo e a necessidade de interpretar as regras de competência pelo princípio da predominância do interesse. O problema é sanitário, mas o combate à pandemia engloba uma interdisciplinaridade de medidas, envolvendo transporte, trabalho, produção. Assim, o fechamento de bares e restaurantes é uma questão local, de interesse dos municípios. Por outro lado, a interdição de um aeroporto internacional é medida que não cabe aos estados.

Ao final, a maioria dos ministros referendou a posição do ministro Edson Fachin para que o texto da Medida Provisória fosse mantido, mas que ao parágrafo 9º do art. 3º da Lei n. 13.979 fosse dada uma interpretação conforme a Constituição. Em outras palavras, "o Presidente da República poderá dispor, mediante decreto, sobre os serviços públicos e atividades essenciais", mas "o exercício desta competência deve sempre resguardar a autonomia dos demais entes" (Brasil, 2020e).

A realização dos objetivos previstos no art. 23 da CRFB também pode encontrar obstáculos na própria Constituição. Observe o inciso VIII, que inclui na competência material comum "fomentar a produção agropecuária". A margem para políticas públicas do estado e do município, neste campo, é bastante limitada. Afinal, por motivos que são até justificáveis, esses entes não podem legislar sobre direito agrário (Brasil, 1988, art. 22, inc. I) nem promover desapropriação "por interesse social, para fins de reforma agrária" (Brasil, 1988, art. 184), como você verá ainda neste capítulo.

— 2.3.2 —
Competência legislativa da União

Como vimos, a Constituição brasileira de 1891 enumerava as atribuições da União e deixava aos estados os poderes residuais, remanescentes ou "não enumerados". Estados Unidos, Suíça e Argentina ainda adotam esse modelo (Silva, 2019). É o sistema de competência horizontal, em que "não se verifica concorrência entre os entes federativos. Cada qual exerce a sua atribuição nos limites fixados pela Constituição e sem relação de subordinação, nem mesmo hierárquica" (Lenza, 2018, p. 538).

No Brasil, esse sistema sofreu importantes modificações. Além de a União poder legislar privativamente sobre vários temas, existem outros destes para os quais há competência legislativa concorrente entre ela, os estados e o Distrito Federal.

O sistema brasileiro conjugou o modelo horizontal (sem relação de subordinação entre os membros da federação), com o modelo vertical (no qual alguns temas são partilhados entre os membros da federação, cabendo à União traçar normas gerais e princípios).

Competência de legislação privativa da União

A supremacia da União, no nosso modelo constitucional, confirma-se pela relevância das matérias de competência **privativa** estabelecidas no art. 22 do texto constitucional (Moraes, 2012). Mesmo antes da Carta de 1988, Baracho (1986) já salientava que as contingências históricas, político-econômicas e culturais do país estimularam a concentração dos temas normativos mais estratégicos no Congresso Nacional, em prejuízo das assembleias locais.

As matérias estão concentradas nos 29 incisos do art. 22 da CRFB. Nesse rol, encontra-se, por exemplo: legislar sobre "direito civil, comercial, penal, processual, eleitoral, agrário, marítimo, aeronáutico, espacial e do trabalho" (inc. I); "jazidas, minas, outros recursos minerais e metalurgia" (inc. XII); "nacionalidade, cidadania e naturalização" (inc. XIII).

Em relação ao inciso I, vemos que está listada a quase totalidade dos ramos do direito. Para Nogueira da Silva (2009, p. 563), isso confirma que o nosso federalismo é "centralista, e de tendência unitária". Há de se lembrar que, ao tempo da Constituição de 1891, cada estado podia ter seu próprio código de Processo Civil. A União surge, nesse artigo, como uma garantidora de certos valores adotados pela Constituição. Assim, por exemplo, é indubitável que vivemos em um sistema econômico capitalista, mas preocupado com a justiça social (Brasil, 1988, art. 3º, I, III, IV). A defesa da propriedade privada, um dogma do capitalismo, está presente em alguns dispositivos constitucionais – vide, por exemplo, o *caput* e o inciso XXII do art. 5º. Além disso, a propriedade privada deverá respeitar sua "função social". Assim, em se tratando do instituto da desapropriação, que é uma exceção ao direito de propriedade, achou-se mais seguro manter sua regulamentação totalmente nas mãos da União (Brasil, 1988, art. 22, II).

À União também coube a competência material para promover qualquer desapropriação voltada à reforma agrária (Brasil, 1988, art. 184).

Acompanhando o ponto de vista de Mendes e Branco (2011, p. 850), também não podemos esquecer do art. 48, que trata das atribuições do Congresso Nacional, com temas tão importantes quanto a "criação, transformação e extinção de cargos, empregos e funções públicas" (Brasil, 1988, inc. X). Os referidos autores, ao citarem obra de Fernanda Menezes de Almeida, também mencionam a competência da União para a efetividade, via normatização, de certos direitos fundamentais previstos no art. 5º da CRBF (Mendes; Branco, 2011). Observe, por exemplo, a quebra de sigilo de comunicações telefônicas como reflexo lógico da ressalva do inciso XII do citado artigo (Brasil, 1988).

Vemos, em vários pontos, uma relação íntima entre as competências administrativas (materiais) do art. 21 – já vistas neste capítulo – e as competências legislativas privativas do art. 22 da CRFB. Assim, por exemplo: a competência material para "manter o serviço postal e o correio aéreo nacional" (Brasil, 1988, art. 21, X) depende da competência para legislar sobre "serviço postal" (Brasil, 1988, art. 22, V). Sem essa correspondência, "a competência geral permaneceria um corpo inerte, sem ação e sem vontade" (Horta, 2010, p. 319).

Em se tratando da normatização do serviço postal, o STF julgou ser inconstitucional uma lei do município de Cuiabá (MT) que fixava os horários de entrega de correspondências, impondo multa se descumprida. Entendeu o tribunal que a administração e a normatização do serviço postal são da competência privativa da União (Brasil, 2019g).

Um caso bem mais complexo envolve as tentativas dos estados da Federação de evitar o uso de telefones celulares por parte de presidiários. Vários estados já legislaram no sentido de obrigar as operadoras de telefonia a bloquear seus sinais nos arredores dos estabelecimentos prisionais. Há, indubitavelmente, um interesse da sociedade em combater as ações de criminosos que continuam a agir de dentro dos presídios. Mas há, por outro lado, a competência da União, no que toca à exploração de serviços de telecomunicação (Brasil, 1988, art. 21, XI), de legislar sobre telecomunicações (Brasil, 1988, art. 22, IV). Assim, o entendimento do STF é de que essas normas estaduais são inconstitucionais (Brasil, 2019d).

Esta modalidade de competência tem algumas sutilezas.

Viu-se que o acesso à educação é tema da competência comum de todos os componentes da Federação (Brasil, 1988, art. 23, V). Porém, a fim de manter uniformidade no sistema educacional brasileiro, o art. 22, inciso XXIV, da Carta de 1988 entrega à União a competência privativa para legislar sobre as "diretrizes e bases da educação nacional".

Se, por um lado, os estados têm competência para organizar suas polícias militares e corpos de bombeiros militares (Brasil, 1988, art. 42, parágrafo 1º combinado com art. 142, parágrafo 3º, inc. X), por outro, é a União que decide, por lei, o armamento que pode ser usado por essas forças (Brasil, 1988, art. 22, XXI).

Além de motivos de ordem técnica, essa centralização se justifica porque, em outros tempos, a "Força Pública" do Estado de São Paulo (origem da Polícia Militar atual) chegou a contar com aviões de combate, artilharia rebocada a cavalo e metralhadoras pesadas, formando um verdadeiro exército que combateu contra o resto do Brasil na Revolução Constitucionalista de 1932 (Canavo Filho; Melo, 1978).

Outro aspecto peculiar é a falta de coerência do art. 22 com a inclusão equivocada de temas que, na verdade, estariam mais bem contemplados no art. 24 da CRFB, que trata das competências legislativas concorrentes (Sarlet; Marinoni, Mitidiero, 2019). Assim, por exemplo, salta aos olhos o inciso XXVII, que, embora esteja no rol da **competência privativa** da União, atribui a essa legislar sobre "**normas gerais** de licitação e contratação, em todas as modalidades, para a administração pública, direta e indireta, incluídas as fundações instituídas e mantidas pelo Poder Público, nas diversas esferas de governo, e empresas sob seu controle" (grifo nosso).

Ora, diferentemente do que acontece com o direito civil e o direito penal, que efetivamente são da competência privativa da União, no campo das licitações os estados, os municípios e o Distrito Federal também legislam, respeitadas as normas de caráter geral fixadas pela União.

Benefício inconstitucional a entidades beneficentes

O estado do Amazonas, desejando beneficiar as associações, fundações ou instituições filantrópicas e aquelas oficialmente declaradas de utilidade pública estadual, decidiu, por meio da Lei n. 92/2010, outorgar-lhes o direito de não recolher direitos autorais pela execução pública de obras musicais e literomusicais e de fonogramas (Amazonas, 2010). A medida teria uma finalidade social, pois essas execuções públicas estariam associadas a "todos os eventos que realizarem com a finalidade de angariar renda destinada à manutenção, funcionamento e melhoramento de suas instalações e desenvolvimento de suas atividades" (Amazonas, 2010). Mas poderia o estado conceder tal vantagem, em detrimento dos compositores e dos detentores dos direitos autorais?

O Supremo Tribunal Federal, ao julgar a Ação Direta de Inconstitucionalidade n. 5.800/AM (Brasil, 2019f), entendeu que a Constituição Federal "não autoriza os Estados-membros e o Distrito Federal a disporem de direitos autorais, porquanto compete privativamente à União legislar sobre direito civil, direito de propriedade e estabelecer regras substantivas de intervenção no domínio econômico" (Brasil, 1988, art. 22, I).

Ou seja, embora o estado possa ter o interesse em facilitar o funcionamento dessas entidades, porquanto realizam ações que são do interesse dos seus cidadãos, não o pode fazê-lo por caminhos que ofendam a competência da União Federal. *In casu*, entendeu o STF que os direitos autorais estão inseridos nos temas do inciso I do art. 22 da CRFB.

O parágrafo único do art. 22 da CRFB prevê uma hipótese em que os estados poderão legislar sobre matéria privativa da União. Trata-se da competência legislativa delegada. Diz o referido dispositivo: "Lei complementar poderá autorizar os Estados a legislar sobre questões específicas das matérias relacionadas neste artigo" (Brasil, 1988).

Tal como salientam Mendes e Branco (2011, p. 851), trata-se de "mera faculdade aberta ao legislador complementar federal" e, caso seja utilizada, não transferirá ao estado toda a matéria, "já que a delegação haverá de referir-se a questões específicas". Outros aspectos importantes desdobram-se desse parágrafo. A norma estadual, naturalmente, não terá abrangência nacional. Ainda que todos os estados legislem sobre o tema, é mais do que provável que cada um adote uma regulamentação diferente, adaptada à própria realidade. Do contrário, se fossem todas as leis estaduais idênticas, não faria sentido a delegação por parte da União. Bastaria uma única norma federal. Outro aspecto, é que a delegação, por não ser uma abdicação da competência, pode ser revertida no momento em que a União venha a decidir legislar sobre o assunto (Mendes; Branco, 2011).

Sobre esse tema, Sarlet (2019) defende a tese de que a União não pode fazer diferenças entre os estados quando da delegação de competência. Tal raciocínio se faz em analogia com o art. 19, III, da CRFB, que não permite que a União faça distinções entre brasileiros (Sarlet; Marinoni, Mitidiero, 2019).

Branco (2011) levanta uma questão terminológica, envolvendo o *caput* do art. 21 (competência material **exclusiva**) e do art. 22 (competência legislativa **privativa**) (Brasil, 1988). Qual seria a razão de ser da existência de dois termos – *exclusiva* e *privativa* – para uma situação que, quanto aos efeitos, parece semelhante? Para quem defende a diferença de significado, a palvra *exclusiva* envolve competências que não podem ser delegadas. De fato, como se viu há pouco, as competências do art. 22 (privativas) podem, eventualmente, ser objeto de delegação. Para Branco (2011, p. 855), contudo, citando outras fontes doutrinárias, "ambos os termos expressam a mesma ideia, podendo ser usados indistintamente".

Competência legislativa concorrente da União, dos estados e do Distrito Federal

Essa é uma questão que remonta ao modelo ensaiado pela Carta de 1934 e estranha ao formato clássico norte-americano. Silva (2009, p. 569) aduz que a "legislação concorrente é aquela produzida por mais de uma entidade estatal sobre a mesma matéria". Relaciona-se ao denominado *federalismo de cooperação*.

A competência legislativa concorrente se divide, segundo a melhor doutrina, em duas categorias. Há, por um lado, a competência legislativa concorrente cumulativa, em que não existem limites prévios sobre o exercício da competência de cada ente (Moraes, 2012). Há, por outro lado, o modelo adotado pelo Brasil, conhecido como **competência legislativa concorrente não cumulativa ou vertical**. Nela, a União se posiciona em um nível superior, mas **limitando-se** a estabelecer normas gerais – não exaustivas – e princípios, reservando aos estados e ao Distrito Federal a complementação e o detalhamento da norma, para atender, por exemplo, necessidades específicas. É a chamada *competência suplementar* dos estados-membros e do Distrito Federal (Brasil, 1988, art. 24, parágrafo 2º), que será estudada no próximo capítulo.

Horta (2010, p. 324) entende que, embora esse modelo já existisse em constituições brasileiras anteriores, a Constituição de 1988 foi além, uma vez que ampliou a competência dos estados, retirando-a da "indigência" de tempos passados, "de forma a superar a uniformização simétrica da legislação federal". Esse modelo, ainda segundo Horta (2010), é muito adequado para um país-continente, como o Brasil, onde as realidades econômicas e sociais são muito diversas.

Tenha em mente um exemplo: o Brasil é um país com imensa diversidade de ecossistemas, ao longo de mais de 5 milhões de quilômetros quadrados. Seria, por um lado, um grande equívoco se deixássemos sob o cuidado exclusivo da União a redação de normas específicas sobre florestas, pesca, caça e fauna, a fim de atender às necessidades de cada região. O resultado não seria eficiente. Por outro lado, seria perigoso deixar isso apenas sob o controle dos estados, dado que os ecossistemas não obedecem a fronteiras estatais. O que acontece na Amazônia reflete no regime de chuvas em outros estados, por exemplo. Desse modo, um federalismo de cooperação tende a ser a melhor solução para várias questões.

Dentre as matérias afetas à competência concorrente (no art. 24 da CRFB), podemos citar:

> I – direito tributário, financeiro, penitenciário, econômico e urbanístico;
>
> [...]
>
> V – produção e consumo;
>
> VI – florestas, caça, pesca, fauna, conservação da natureza, defesa do solo e dos recursos naturais, proteção do meio ambiente e controle da poluição;
>
> [...]
>
> VIII – responsabilidade por dano ao meio ambiente, ao consumidor, a bens e direitos de valor artístico, estético, histórico, turístico e paisagístico;
>
> [...]
>
> XII – previdência social, proteção e defesa da saúde;
>
> [...]
>
> XIV – proteção e integração social das pessoas portadoras de deficiência; (Brasil, 1988)

Sob o pretexto de proteger os consumidores, os estados editaram muitas leis que foram depois julgadas inconstitucionais por tratarem de temas que, na visão do STF, estariam mais afetos ao direito civil, ao direito comercial e ao direito aeronáutico, temas que são da competência privativa da União (Brasil, 1988, art. 22, I).

Os parágrafos do art. 24 explicam o funcionamento da competência concorrente. Um deles determina: "a competência da União para legislar sobre normas gerais não exclui a competência suplementar dos Estados" (parágrafo 2º).

Horta (2010, p. 325) descreve isso muito bem no trecho seguinte:

> A lei de normas gerais [isto é, a lei federal] deve ser uma lei quadro, uma moldura legislativa. A lei estadual suplementar introduzirá a lei de normas gerais no ordenamento do Estado, mediante o preenchimento dos claros deixados pela lei de normas gerais, de forma a afeiçoá-la às peculiaridades locais.

Um caso interessante é o da Lei n. 11.079, de 30 de dezembro de 2004, que trata das parcerias público-privadas. Vê-se, em seu art. 1º, que o intuito é instituir "normas gerais" no âmbito "dos Poderes da União, dos Estados, do Distrito Federal e dos Municípios" (Brasil, 2004b). A lei, então, vai tratando das disposições preliminares, dos contratos, das garantias etc. Então, quando se chega ao capítulo VI da lei, este tem por título: *Disposições aplicáveis à União*, o que abre um campo para que os demais entes da federação exerçam sua competência suplementar. Esse cuidado, entretanto, não é tão comum.

Um problema recorrente, no que toca à competência concorrente, é que em muitos casos a União vai além de estabelecer "normas gerais". Por vezes, as leis são tão detalhadas, que pouco espaço resta aos demais entes para complementar ou suplementar a norma federal.

A análise das competências concorrentes, segundo o STF, "deverá priorizar o fortalecimento das autonomias locais e o respeito às suas diversidades, de modo a assegurar o imprescindível equilíbrio federativo" (Brasil, 2019c, s.p.).

Na hipótese incomum de inexistir uma lei federal sobre as hipóteses de competência concorrente, os estados exercerão a competência legislativa plena para atender a suas peculiaridades (Brasil, 1988, art. 24, parágrafo 3º). Mas, então, "a superveniência de lei federal sobre normas gerais suspende a eficácia da lei estadual, no que lhe for contrário" (Brasil, 1988, art. 24, parágrafo 4º).

José Afonso da Silva (2019, p. 508) vislumbra na regra do parágrafo 4º uma sutileza que merece ser referida. A superveniência da lei federal apenas retira a aplicabilidade da lei estadual naquilo que forem contrárias. Assim, se a lei federal vier a ser revogada posteriormente, "a lei estadual recobra sua eficácia e passa outra vez a incidir".

Já Paulo Napoleão Nogueira da Silva (2009, p. 570), ao examinar o mesmo parágrafo 4º, complementa que a lei federal superveniente deverá ser, necessariamente, de natureza geral: "[...] só poderá suspender a eficácia da lei estadual se esta for de idêntica natureza, isto é, geral; não atingindo a lei estadual que a "complemente" ou "suplemente", salvo se esta for incompatível com as regras e princípios estabelecidos por aquela".

Cabe aqui lembrar que alguns incisos do art. 22 (competência privativa da União), por se referirem a "normas gerais", seguem as regras dos parágrafos do art. 24 sobre competência concorrente. É o caso do inciso XXI do art. 22 que trata das "normas gerais de organização, efetivos, material bélico, garantias, convocação, mobilização, inatividades e pensões das polícias militares e dos corpos de bombeiros militares" (Brasil, 1988).

José Afonso da Silva (2019, p. 509) faz um alerta importante sobre o fato de os municípios não terem sido mencionados no *caput* do art. 24. É porque a eles a Constituição previu uma regra mais ampla, que se constitui em "suplementar a legislação federal e a estadual no que couber" (Brasil, 1988, art. 30, II).

Por tudo o que foi visto, percebemos que a Federação é uma obra em constante construção. Espera-se que ela esteja sempre a evoluir, no sentido da eficiência das suas instituições, do bom equilíbrio entre os seus membros, da liberdade e do convívio democrático dos seus habitantes. Mas, ante a constatação de que já vivenciamos recuos nesses campos, cabe aos operadores do direito ficarem atentos ao seu papel na preservação dos valores inerentes ao sistema federativo.

Ademais, embora haja uma tendência, mundial, de fortalecer o papel da União, isso não deve significar o fim do equilíbrio e da coordenação entre os entes.

Capítulo 3

*Os estados, os municípios
e o Distrito Federal*

Dando continuidade ao estudo sobre a organização político-administrativa do Estado Federal, cumpre examinar agora os estados-membros, os municípios e o Distrito Federal. Além de examinar a natureza e os bens de cada um deles, focalizaremos especialmente a competência tanto material quanto legislativa.

Embora à União tenha sido entregue a maioria das matérias legislativas mais importantes, ainda assim, a atual Constituição não deixou de respeitar as características básicas do federalismo brasileiro no que tange à competência dos demais entes federativos, principalmente garantindo seus poderes de auto-organização, autogoverno, autoadministração.

— 3.1 —
Os estados

Os estados-membros "dão a estrutura conceitual" (Silva, 2019, p. 477) ao Estado Federal. Ou seja, as federações existem por causa deles, embora os nomes dados aos estados-membros variem. Na Argentina, por exemplo, a Federação é constituída por províncias. Na Suíça, por cantões; no Brasil e nos Estados Unidos, por estados.

Horta (2010) aponta o fato de que as diferentes constituições brasileiras não designam nominalmente os estados que integram a nossa República Federativa. Ele busca demonstrar que, com exceção da Constituição dos Estados Unidos, todos os outros Estados Federais adotam a sistemática de fazer a citação nominal dos seus componentes. Em outras palavras, listam o nome dos estados que compõem o país.

— 3.1.1 —
A natureza jurídica e características dos estados-membros

Os estados-membros ou, simplesmente, estados, são pessoas jurídicas de direito público interno. São entes autônomos, mas não soberanos, uma vez que a soberania é atributo da República Federativa do Brasil, consistindo em um *status* de "autodeterminação plena" (Silva, 2019, p. 619). Os estados, por sua vez, "constituem ordenamentos jurídicos parciais dotados de um regime de autonomia conferido pela Constituição" (Novelino, 2009, p. 578).

Dentro dos limites impostos pela Constituição Federal (Brasil, 1988), a autonomia dos estados-membros se afirma por três pilares:

1. auto-organização e normatização própria;
2. autogoverno;
3. autoadministração.

Todos eles serão objeto de exame nos subitens a seguir.

Auto-organização e normatização própria

Dispõe o *caput* do art. 25 da CRFB: "Os Estados organizam-se e regem-se pelas Constituições e leis que adotarem, observados os princípios desta Constituição".

A Constituição de um estado-membro é bem diversa, em natureza, conteúdo e origem, da Constituição da República Federativa.

O poder constituinte originário de uma nação é soberano, na medida em que institui todos os poderes constituintes de suas frações políticas (os estados) e não é dependente da autoridade de qualquer outro poder. Os estados, a seu turno, têm o direito e o dever de criar sua própria Constituição. São dotados, contudo, de um poder constituinte meramente autônomo (Silva, 2019) e extremamente limitado. Ele é um "**poder constituinte decorrente**", posto que é derivado do outro e deve se restringir ao espaço que lhe destinou a Lei Maior. Esta última, afinal, é a fonte da sua legitimidade.

Havendo conflito entre a Constituição Estadual e a Constituição Federal, esta última prevalecerá. Ao adotarem ou reformarem suas constituições, os estados brasileiros devem ter em mente os **princípios constitucionais sensíveis** previstos no art. 34, inciso VII da CRFB, a saber:

a) forma republicana, sistema representativo e regime democrático;

b) direitos da pessoa humana;

c) autonomia municipal;

d) prestação de contas da administração pública, direta e indireta.

Além dessas restrições, a doutrina reconhece também a existência de **princípios constitucionais estabelecidos**. Estes não estão localizados em um único dispositivo constitucional e, por vezes, demandam esforço para serem reconhecidos. De toda sorte, são regras de natureza vedatória ou "princípios de organização política, social e econômica" (Silva, 2019, p. 622) que delimitam o trabalho da Assembleia Constituinte Estadual e dos futuros revisores da Carta daí decorrente. Assim, seria inconstitucional o modelo estabelecido por uma Constituição Estadual que instaurasse um sistema de governo parlamentarista, dado que o modelo da CRFB é o presidencialismo.

Branco (2011) aponta, como um tema recorrente, em ações voltadas à inconstitucionalidade de dispositivos das constituições estaduais, a questão da tripartição de poderes e do respeito à simetria entre eles em um sistema presidencialista. Por isso também não se admitiria um governo parlamentarista nos estados, já que implicaria uma intromissão da Câmara dos Deputados no Poder Executivo. De igual, seria inconstitucional a criação de órgão, subordinado ao Poder Executivo, com poderes para fiscalizar o Judiciário.

Assim, dadas todas essas limitações, deduzimos que as constituições dos estados, no essencial, são muito semelhantes no que toca à estrutura governamental. Vislumbra-se a presença dos três poderes, constituídos por órgãos claramente distintos: a Assembleia Legislativa, o governador do estado e o Poder Judiciário (este constituído pelo Tribunal de Justiça, além de outros tribunais e juízes) (Silva, 2019).

No entender de Alexandre de Moraes (2012, p. 605), a Constituição de cada estado deverá estipular a competência "para o processo e julgamento do Governador de Estado por crime de responsabilidade, no exercício de sua autonomia de auto-organização política".

E há também questões que não oferecem qualquer flexibilidade ao constituinte estadual, como a duração do mandato dos deputados estaduais (Brasil, 1988, art. 27, parágrafo 1º) e do governador e seu vice (Brasil, 1988, art. 28). Essas são normas de observância obrigatória que, em tese, nem precisariam estar escritas nas constituições estaduais. Daí também serem chamadas de *normas de reprodução* posto que "decorrem do caráter compulsório da norma constitucional superior" (Novelino, 2009, p. 585).

Mesmo o número dos deputados da Assembleia Legislativa encontra fundamento na Constituição Federal, que assim determina, no *caput* do art. 27: "O número de Deputados à Assembleia Legislativa corresponderá ao triplo da representação do Estado na Câmara dos Deputados e, atingido o número de trinta e seis, será acrescido de tantos quantos forem os Deputados Federais acima de doze".

A CRFB define até mesmo as regras sobre "sistema eleitoral, inviolabilidade, imunidades, remuneração, perda de mandato, licença, impedimentos e incorporação às Forças Armadas" aplicáveis aos deputados (Brasil, 1988, art. 27, parágrafo 1º).

Destaca-se, ainda, a normatização própria. Ou seja, além de redigirem a própria Constituição, com todas as limitações vistas, os estados também têm o poder de criar as próprias normas, dentro das esferas de competência que lhes cabem. Podemos citar como exemplos normas voltadas ao regime de Previdência dos servidores públicos, à proteção do meio ambiente, à criação e regulamentação de tributos (Brasil, 1988, art. 155), além daquelas relacionadas ao direito administrativo em geral.

Regiões metropolitanas

A Constituição Federal, no art. 25, parágrafo 3º, determina: "Os Estados poderão, mediante lei complementar, instituir regiões metropolitanas, aglomerações urbanas e microrregiões, constituídas por agrupamentos de municípios limítrofes, para integrar a organização, o planejamento e a execução de funções públicas de interesse comum".

De acordo com Horta (2010, p. 608), a região metropolitana é uma "dispensadora de serviços públicos" que instrumentaliza a realização de serviços públicos para municípios integrantes de uma região que compartilha realidades socioeconômicas comuns. Não é, de forma alguma, uma unidade política superior aos municípios.

O mesmo autor destaca, entre serviços metropolitanos típicos o saneamento básico, o transporte público, sistemas viários, distribuição de gás canalizado, dentre outros (Horta, 2010).

Autogoverno

A autonomia estadual se reflete no autogoverno. Afinal, são os cidadãos de cada estado que elegem o governador, o vice-governador e os deputados estaduais que vão compor a Assembleia Legislativa.

Não há vinculação hierárquica entre o governador e o presidente da República. Da mesma forma, o estado, dotado de personalidade jurídica própria, possui vontade independente e capacidade de ação (Horta, 2010).

As leis estaduais, especialmente nas hipóteses dos parágrafos 1º e 3º do art. 25 da CRFB, não sofrem amarras por parte das normas exaradas pelo Congresso Nacional.

O estado tem grande autonomia para organizar seu Poder Judiciário, observados os princípios estabelecidos pela CRFB. A competência dos tribunais é definida na Constituição de cada estado, "sendo a lei de organização judiciária de iniciativa do Tribunal de Justiça" (Brasil, 1988, art. 125, parágrafo 1º).

É importante destacar que os estados poderão organizar uma Justiça Militar própria. Em segundo grau, os recursos serão julgados pelo Tribunal de Justiça ou, caso o efetivo militar seja superior a 20 mil integrantes, por um Tribunal de Justiça Militar (Brasil, 1988, art. 125, parágrafo 3º).

Contudo, como já vimos, a homogeneidade imposta pelo nosso modelo de federação "impede a adoção, pelos Estados-membros, de sistema ou forma de governo diversos dos adotados no âmbito da União" (Novelino, 2009, p. 587).

Autoadministração

Pode-se definir *autoadministração* como "a competência atribuída aos Estados-membros para a execução de negócios próprios, por meio de ações administrativas" (Novelino, 2009, p. 588).

O poder de autoadministração decorre, logicamente, das competências materiais e legislativas atribuídas pela Constituição Federal aos estados. Com base nessas competências, que serão estudadas ainda neste capítulo, a Assembleia Legislativa vota o orçamento e as demais leis de interesse do estado. Da mesma forma, o governador, por meio de seus secretários e órgãos respectivos, estabelece e executa diretrizes na área da saúde, educação, infraestrutura, habitação etc.

Acrescente-se, ainda, a existência de autonomia financeira, garantida por receita própria e repasses constitucionalmente garantidos. Disso decorre a possibilidade de o Poder Executivo local traçar suas próprias políticas.

— 3.1.2 —
A participação dos estados na formação da vontade nacional

Com base na clássica concepção norte-americana, a vontade dos estados reflete-se na vontade do poder central por meio do Senado, em que todos aqueles são representados como iguais, independentemente do tamanho da sua população ou do seu poder econômico. Nesse contexto, no caso do Brasil, cada estado elege três senadores. É uma consequência do princípio da igualdade jurídica dos estados-membros, o que ajuda a contrabalançar o peso que os estados mais populosos têm no número de representantes na Câmara dos Deputados (Mendes; Branco, 2011).

No caso do Brasil, a composição do Senado nos leva a questões interessantes, que por vezes escapam ao cidadão comum e que influenciam no equilíbrio de forças no Congresso Nacional e na própria Federação. Nesse sentido, por exemplo, embora os três estados mais populosos e ricos do Brasil (São Paulo, Minas Gerais e Rio de Janeiro) estejam na região Sudeste (IBGE, 2019), eles não têm como impor a própria vontade aos 16 estados das regiões Norte e Nordeste. Isso ocorre porque estes, juntos, têm a maioria do Senado.

Contudo, essa razão de ser da composição do Senado, pensada para 13 colônias norte-americanas do século XVIII, nem sempre manterá a lógica nas repúblicas contemporâneas, como a brasileira. Isso ocorre porque, como salienta Ferreira Filho (2010, p. 80), "na maioria dos Estado federais, os senadores estão presos a partidos e não propriamente aos Estados em que se elegem". Embora a prática nos mostre que, em questões específicas, senadores de diferentes partidos se unam para defender os interesses do seu estado ou de sua região, essa não é a regra.

— 3.1.3 —
Os bens dos estados

Assim como os outros entes da Federação, os estados têm bens próprios, previstos na Constituição Federal. O art. 26 inclui, entre os bens dos estados, os seguintes:

> I – as águas superficiais ou subterrâneas, fluentes, emergentes e em depósito, ressalvadas, neste caso, na forma da lei, as decorrentes de obras da União;
>
> II – as áreas, nas ilhas oceânicas e costeiras, que estiverem no seu domínio, excluídas aquelas sob domínio da União, Municípios ou terceiros;
>
> III – as ilhas fluviais e lacustres não pertencentes à União;

IV – as terras devolutas não compreendidas entre as da União. (Brasil, 1988)

As terras devolutas são terras públicas, que não estão afetadas a nenhum uso público e jamais fizeram parte do patrimônio de um particular. Eventualmente, podem estar sendo ocupadas por um particular que, no entanto, não detém a propriedade. É, nesse caso, terra a ser devolvida ao Estado. Em tempos passados, quando a população brasileira era mais escassa, correspondia à maior parte do território brasileiro. Um exemplo de terras devolutas são aquelas de aldeamentos indígenas extintos antes da Constituição de 1891, as quais, por força do art. 64 da referida Carta, foram transferidas aos domínios dos estados (Brasil, 2011a).

— 3.1.4 —
Fusão, cisão e desmembramento de estados

Como já foi visto, os estados remontam às antigas províncias do Império do Brasil, transformadas em estados no primeiro ato da República. De 1889 até os dias de hoje, alguns deles foram desmembrados para formar novos estados, como os casos de Mato Grosso do Sul e Tocantins. Ainda hoje, isso é tecnicamente possível, pois a estrutura territorial do país não é perpétua (Horta, 2010), assim como o número de estados.

Já existiram, desde 1988, vários projetos visando à formação de novos estados. Um deles criaria o Estado de São Paulo do Sul

(Projeto de Decreto Legislativo n. 1.571/2001). Sobre a temática, assim dispõe o art. 18, parágrafo 3º da CRFB: "Os Estados podem incorporar-se entre si, subdividir-se ou desmembrar-se para se anexarem a outros, ou formarem novos Estados ou Territórios Federais, mediante aprovação da população diretamente interessada, através de plebiscito, e do Congresso Nacional, por lei complementar".

No caso do Brasil, os exemplos mais recentes têm sido de desmembramento, que consiste na hipótese de "separar uma ou mais partes de um Estado-membro, sem que ocorra a perda da identidade do ente federativo primitivo" (Moraes, 2012, p. 310). Assim, se a referida criação do Estado de São Paulo do Sul tivesse sido levada a termo, haveria o desmembramento de uma parte do Estado de São Paulo, sem que este último deixasse de existir.

A nossa história republicana conheceu um caso de fusão entre estados em 1975. Foi quando o Estado da Guanabara deixou de existir para ser incorporado ao Estado do Rio de Janeiro. O território do Estado da Guanabara abrigava a cidade do Rio de Janeiro, que era um município neutro, no tempo do Império, e depois se transformara em Distrito Federal, abrigando a capital da República até a fundação de Brasília, em 1960.

Alexandre de Moraes (2012, p. 309) esclarece que, qualquer que seja o tipo de transformação, ainda que a população interessada venha a aprovar a medida, a questão ainda deverá ser, posteriormente, discutida pelo Congresso Nacional, o qual poderá rejeitar o projeto de lei complementar. Afinal, em que pese a vontade popular, várias questões podem indicar a inconveniência de tal medida, como a inviabilidade econômica do novo estado.

A redação do parágrafo 3º do art. 18 da CRFB, contudo, gerou uma grande dúvida referente ao trecho "mediante aprovação da população diretamente interessada". Seria apenas a população da área a ser desmembrada ou a população de todo o estado afetado? As duas teses eram plausíveis, como bem pontuou Horta (2010).

Essa questão veio a ser regulamentada pelo art. 7º da Lei n. 9.709, de 18 de novembro de 1998, que assim determinou:

> [...] entende-se por população diretamente interessada tanto a do território que se pretende desmembrar, quanto a do que sofrerá desmembramento; em caso de fusão ou anexação, tanto a população da área que se quer anexar quanto a da que receberá o acréscimo; e a vontade popular se aferirá pelo percentual que se manifestar em relação ao total da população consultada.

Contudo, em 2011, ao tempo do plebiscito para a criação dos estados de Carajás e Tapajós, que seriam fruto de desmembramentos do Estado do Pará, foi ajuizada uma Ação Direta de Inconstitucionalidade (ADI 2.650/DF) contra esse dispositivo. Ao final, o STF julgou improcedente a ação, após se fazer uma interpretação sistemática da constituição. Dentre os argumentos acolhidos pelo STF, destacamos o seguinte:

> Sendo o desmembramento uma divisão territorial, uma separação, com o desfalque de parte do território e de parte da sua população, não há como excluir da consulta plebiscitária os interesses da população da área remanescente, população essa que também será inevitavelmente afetada. O desmembramento dos entes federativos, além de reduzir seu espaço territorial e sua população, pode resultar, ainda, na cisão da unidade sociocultural, econômica e financeira do Estado, razão pela qual a vontade da população do território remanescente não deve ser desconsiderada, nem deve ser essa população rotulada como indiretamente interessada. (Brasil, 2011b, s.p.)

Nenhum estado foi até hoje criado pelo procedimento aqui descrito. O Estado do Tocantins, o mais novo da Federação, foi instituído pelo art. 13 do Ato das Disposições Constitucionais Transitórias à Constituição de 1988.

— 3.1.5 —
A competência legislativa dos estados

Ainda que os cidadãos tenham a oportunidade de escolher os governadores dos estados, dando azo a um autogoverno, à Federação não faria sentido se o ente federativo não fosse provido de competência para legislar sobre assuntos de seu interesse. E mesmo essa competência não seria suficiente se não estivesse assegurada no corpo da Constituição Federal.

Ordenamentos dos estados-membros não devem afetar fatos e comportamentos ocorridos em outros estados. Nesse sentido, as normas de cada estado são parciais ("intraestatais") (Horta, 2010). Mas, eventualmente, normas adotadas em um estado poderão afetar a economia de outros.

Do ponto de vista legislativo, Moraes (2012, p. 328) aponta que o estado-membro tem três espécies de competências:

1. "remanescente ou reservada (CF, art. 25, parágrafo 1º);
2. delegada da União (CF, art. 22, parágrafo único);
3. concorrente-suplementar (CF, art. 24)".

A competência legislativa delegada, que foi estudada no capítulo anterior, é aquela que decorre do seguinte dispositivo da CRFB: "Lei complementar poderá autorizar os Estados a legislar sobre questões específicas das matérias relacionadas neste artigo" (Brasil, 1988, art. 22, parágrafo único).

Quanto às outras duas espécies, serão objeto de estudo nos dois itens a seguir.

Competências legislativas reservadas aos estados[1]

Como vimos no capítulo anterior, coube aos estados um sistema de distribuição de competências que remonta ao modelo clássico norte-americano e que se revela no art. 25, parágrafo 1º da CRFB, *verbis*: "São reservadas aos Estados as competências que não lhes sejam vedadas por esta Constituição".

Trata-se, portanto, das competências reservadas. Segundo Silva (2009, p. 551), a competência dos estados, neste aspecto, há de ser entendida como "aquela que sobra, que não foi atribuída a qualquer outro ente da federação: é o resíduo de competência". Em outras palavras, aquelas que não pertencerem à União, aos municípios, nem se enquadrarem no campo da legislação concorrente (Brasil, 1988, art. 24), pertencerão com exclusividade aos estados.

O direito de se organizar internamente e estabelecer normas aplicáveis dentro do seu território é inerente e exclusivo a cada estado-membro da Federação.

Há também as **competências privativas** previstas nos parágrafos 2º e 3º do art. 25 da Constituição. São elas:

---

1   O título deste tópico esconde a dificuldade em se chegar a um acordo, entre os doutrinadores, sobre o termo mais adequado a ser usado para o art. 25º da CRFB. Horta e Branco usam o termo *poderes* (Horta, 2010, p. 326; Mendes; Branco, 2011, p. 851). Moraes e José Afonso da Silva preferem o termo *competências* (Moraes, 2012, p. 320; Silva, 2019, p. 627). Alguns autores também usam a expressão *poderes remanescentes* (Silva, 2019, p. 627; Mendes; Branco, 2011, p. 851) ou residuais (Mendes, Branco, 2011, p. 851), ou *poderes reservados* (Mendes; Branco, 2011, p. 851). Ao tratar dos poderes reservados dos estados, Branco (2011, p. 851) também faz referência à expressão *competência legislativa privativa dos Estados-Membros*.

§ 2º Cabe aos Estados explorar diretamente, ou mediante concessão, os serviços locais de gás canalizado, na forma da lei, vedada a edição de medida provisória para a sua regulamentação.

§ 3º Os Estados poderão, mediante lei complementar, instituir regiões metropolitanas, aglomerações urbanas e microrregiões, constituídas por agrupamentos de municípios limítrofes, para integrar a organização, o planejamento e a execução de funções públicas de interesse comum.

Para Horta (2010), os parágrafos referidos, assim como a competência tributária apontada no art. 155, são chamados de *poderes expressos* dos estados.

Branco (2011, p. 851-852) entende que a maior parte da competência legislativa privativa dos estados não está explicitamente enumerada na Constituição, uma vez que ela abrange temas esparsos, tais como "[...] matérias orçamentárias, criação, extinção e fixação de cargos públicos estaduais, autorizações para alienação de imóveis, criação de secretarias de Estado, organização administrativa, Judiciária e do Ministério Público, da Defensoria Pública e da Procuradoria-Geral do Estado".

Contudo, a evolução do nosso modelo federativo não deixou muito espaço aos estados para legislar sobre temas do próprio interesse, limitado que está a muitas vedações, implícitas e explícitas.

Entre as vedações explícitas, estão aquelas do art. 19 (Brasil, 1988), a saber:

I – estabelecer cultos religiosos ou igrejas, subvencioná-los, embaraçar-lhes o funcionamento ou manter com eles ou seus representantes relações de dependência ou aliança, ressalvada, na forma da lei, a colaboração de interesse público;

II – recusar fé aos documentos públicos;

III – criar distinções entre brasileiros ou preferências entre si.

Entre as vedações implícitas está tudo aquilo que, explicitamente, foi atribuído à União ou aos municípios (Silva, 2019).

Competência concorrente-suplementar dos estados

O modelo clássico norte-americano sofreu mutações durante a evolução do federalismo brasileiro. A competência legislativa não se esgota mais na dita "reservada", vista há pouco.

Como referido no item "Competência legislativa concorrente da União, dos estados e do Distrito Federal", do Capítulo 2, o art. 24 da CRFB tratou da competência legislativa concorrente da União, dos estados e do Distrito Federal. Disso resulta a possibilidade de os estados legislarem, em caráter complementar ou supletivo às normas, de caráter geral, oriundas da União. Sobre a temática, recomendamos a releitura dos parágrafos do art. 24, que disciplinam as nuances das relações entre as normas estaduais e federais.

Com base nesses parágrafos, Moraes (2012, p. 326) vislumbra que a competência suplementar dos estados-membros e do Distrito Federal pode ser dividida em duas subespécies: competência complementar e competência supletiva.

> A primeira dependerá de prévia existência de lei federal a ser especificada pelos Estados-membros e Distrito Federal. Por sua vez, a segunda aparecerá em virtude da inércia da União em editar a lei federal, quando então os Estados e o Distrito Federal, temporariamente, adquirirão competência plena tanto para edição das normas de caráter geral, quanto para normas específicas (CF, art. 24, §§ 3º e 4º). (Moraes, 2012, p. 326)

Na prática, essa competência gera uma série de conflitos entre estados e União no que toca às áreas cinzentas entre a competência legislativa privativa da União (Brasil, 1988, art. 22) e a competência concorrente do art. 24 (Brasil, 1988). O box a seguir exemplifica esse problema.

Normas sobre defesa do consumidor na área de planos de saúde

O art. 24, VIII, da CRFB trata da competência concorrente para, dentre outros assuntos, legislar sobre responsabilidade por dano ao consumidor. A ter por base esse dispositivo, o estado do Espírito Santo editou a Lei n. 9.851, de 11 de junho de 2012, que regulamenta o tempo máximo de espera para o atendimento dos usuários de planos particulares de saúde junto às empresas com que se encontrem conveniados no âmbito do estado (Espírito Santo, 2012).

Uma associação de classe ligada aos planos de saúde ajuizou uma Ação Direta de Inconstitucionalidade (ADI n. 4.818/ES), sustentando a inconstitucionalidade da referida lei estadual, ao argumento de que, de acordo com o art. 22 da CRFB, compete privativamente à União legislar sobre: "I – direito civil, comercial, penal, processual, eleitoral, agrário, marítimo, aeronáutico, espacial e do trabalho; [...] VII – política de crédito, câmbio, seguros e transferência de valores; [...]" (Brasil, 2020a).

Em fevereiro de 2020, em julgamento relatado pelo Ministro Edson Fachin, entendeu o Pleno do STF pela inconstitucionalidade da lei estadual, ao fundamento de que:

> 1. A orientação majoritária do Supremo Tribunal Federal assentou que a alteração das obrigações contratuais celebradas entre usuários e operadoras de plano de saúde não são abarcadas pela competência suplementar estadual para dispor sobre proteção à saúde e ao consumidor. Precedentes. 2. É competência privativa da União legislar sobre direito civil, comercial e política de seguros (art. 22, I e VII, CF). (Brasil, 2020a)

A competência do Estado, nessa seara, é a de suprir lacunas, principalmente para aproximar a norma da realidade. E essas lacunas serão interpretadas com cuidado, pois não podem ferir a sistemática da norma federal. Branco (2011, p. 853, nota 67) cita, como exemplo, uma lei estadual que autorizava os estabelecimentos de ensino a entregar o histórico escolar para alunos que, embora não tivessem ainda concluído a 3ª série do ensino médio, haviam sido aprovados no vestibular. Tal lei foi julgada inconstitucional.

Da interpretação e da leitura sistemática da Constituição, é possível localizar outras competências legislativas dos estados. No Ato das Disposições Constitucionais Transitórias, por exemplo, encontra-se um dispositivo importante: "Promulgada a Constituição, a União, os Estados, o Distrito Federal e os Municípios poderão editar as leis necessárias à aplicação do sistema tributário nacional nela previsto" (Brasil, 1988, art. 34, parágrafo 3º do Ato das Disposições Constitucionais Transitórias – ADCT) (Câmara dos Deputados, 1988). Desse modo, o estudo da temática não se esgota com a leitura deste tópico.

— 3.1.6 —
Competências estaduais materiais

A doutrina, de forma explícita ou implícita, vislumbra que o parágrafo 1º do art. 25 – "São reservadas aos Estados as competências que não lhes sejam vedadas por esta Constituição" (Brasil, 1988) – aborda tanto competências legislativas quanto materiais, de índole remanescente (residual). É o que se depreende, por exemplo, da divisão das competências feita por Branco (2011).

No que toca às competências materiais oriundas do referido parágrafo 1º, a doutrina guarda relação com questões relacionadas ao espaço geográfico do estado, como a abertura e a manutenção de rodovias estaduais e alguns projetos de infraestrutura. Em alguns casos, poderá depender de licenças ambientais federais.

Logo percebemos o contraste com a realidade da Federação norte-americana, especialmente no início, quando a regra era o governo pelos estados e a exceção o governo da União (Moraes, 2012).

José Afonso da Silva (2019, p. 630), ao tratar das competências estaduais materiais, enxerga muito além do que o texto constitucional, em uma leitura desatenta, permitiria ver. Traça o jurista uma visão dinâmica da administração dos estados, ao referir que estes:

> [...] terão as Secretarias de Estado que convierem a seus serviços. Instituirão as autarquias que julgarem necessárias. Organizarão empresas públicas e sociedades de economia mista, se assim for necessário e o desejarem, destinadas, porém, à prestação de serviços de utilidade pública [...] e consumo (silos, armazéns, abastecimento etc.).

O art. 23 da CRFB (Brasil, 1988), que trata da competência material comum, "da União, dos Estados, do Distrito Federal e dos Municípios", foi estudado no capítulo anterior e envolve, por exemplo, "proteger o meio ambiente e combater a poluição em qualquer de suas formas" (inc. VI) e "promover programas de construção de moradias" (inc. IX). Sobre esse artigo da CRFB, recomenda-se o exame do estudo de caso a seguir:

Estudo de caso ────────────────────────────

O Estado de Santa Catarina (1999), pelo artigo 1º da Lei Estadual n. 11.223, de 17 de novembro de 1999, impôs a obrigatoriedade de

> identificação telefônica da sede da empresa ou do proprietário nos veículos licenciados no Estado de Santa Catarina e destinados ao transporte de carga e de passageiros, a ser disponibilizada na parte traseira do veículo, por meio de adesivo ou pintura, em lugar visível, constando o código de discagem direta à distância, seguido do número do telefone.

Discutiu-se, na Ação Direta de Inconstitucionalidade n. 2.407, se o estado poderia criar este tipo de regra. Afinal, em que competência administrativa do estado ela estaria inserida? Entendeu o Tribunal Pleno do STF que:

> O art. 1º da Lei catarinense contempla matéria afeita à competência administrativa comum da União, dos Estados-membros, do Distrito Federal e dos Municípios, conforme previsto no inc. XII do art. 23 da Constituição da República, pelo que nele podem estar fixadas obrigações, desde que tenham pertinência com as competências que são próprias do Estado Federado e que digam respeito à segurança pública e à educação para o trânsito. (Brasil, 2007a, s.p.)

Passamos, agora, ao estudo das particularidades do Distrito Federal (DF).

— 3.2 —
Distrito Federal

A existência de um distrito federal, como espaço geográfico destinado a organizar a sede dos três poderes da União e não contido em nenhum estado federado, é uma concepção que bem se ajusta ao nosso tipo de República.

Essa solução claramente foi inspirada no federalismo norte-americano, por conta da construção de Washington, no Distrito de Columbia (daí a sigla D.C.), a partir de 1792, para sediar o governo dos Estados Unidos. O distrito foi originalmente formado por terras cedidas por dois estados.

No Brasil, a primeira capital da República, o primeiro "Distrito Federal", foi a cidade do Rio de Janeiro, que, portanto, não fazia parte do Estado do Rio de Janeiro (cuja capital era Niterói). Mas, desde o início da República, houve a intenção de deslocar a capital do Brasil para o interior. O art. 3º da Constituição de 1891 determinava: "Fica pertencendo à União, no planalto central da República, uma zona de 14.400 quilômetros quadrados, que será oportunamente demarcada para nela estabelecer-se a futura Capital federal" (Brasil, 1891).

Esse projeto somente começou a se materializar durante a breve presidência de Café Filho (entre 1954-1955), e o início da construção da capital se deu no governo de Juscelino Kubitschek, que a inaugurou em 1960. A cidade ganhou o nome de *Brasília*, sendo, ao mesmo tempo, a capital do país e a sede do Distrito Federal. Seu território correspondia, anteriormente, a um pedaço do Estado de Goiás.

Antes da Constituição Federal de 1988, o Distrito Federal era governado por um prefeito, nomeado pelo presidente da República. Pela Constituição de 1967, cabia ao Senado "discutir e votar projetos de Lei sobre matéria tributária e orçamentária, serviços públicos e pessoal da Administração do Distrito Federal" (Brasil, 1967, art. 17, parágrafo 1º). O cidadão do Distrito Federal não elegia deputados federais nem senadores. Isso tudo para deixar bem claro que o Distrito Federal não gozava de verdadeira autonomia política. Porém, o que cabe destacar, na presente obra, é o perfil que lhe foi dado pela Carta de 1988.

— 3.2.1 —
A natureza jurídica
e as características do Distrito Federal

Com a Constituição de 1988, o Distrito Federal deixa de ser uma entidade autárquica e passa a ser parte da Federação. O governador e o vice-governador do Distrito Federal passam a ser eleitos pelo voto popular (Brasil, 1988, art. 32, parágrafo 2º).

Como bem assevera Branco (2011), o Distrito Federal nem é um município nem é um estado. Contudo, reúne várias características desses entes federativos. Como os Municípios, sua norma básica é uma lei orgânica e não possui competência para organizar seu Poder Judiciário e seu Ministério Público. Contudo, assim como os Estados, elege três representantes para o Senado.

É uma pessoa jurídica de direito público interno, gozando de vontade própria. Contudo, tem sua autonomia ligeiramente limitada quando comparado com um Estado-membro.

Brasília exerce um papel psicológico que não pode ser ignorado. Como diz José Afonso da Silva (2019, p. 476), ela é a "cidade-centro, polo irradiante, de onde partem, aos governados, as decisões mais graves, e onde acontecem os fatos decisivos para os destinos do país".

Dentro dos limites impostos pela Constituição Federal, a autonomia do Distrito Federal também se afirma por três pilares:

1. auto-organização e normatização própria;
2. autogoverno;
3. autoadministração.

Todos eles serão objeto de exame nos subitens a seguir.

Auto-organização e normatização própria

O DF organiza-se por meio de lei orgânica própria, aprovada por dois terços da Câmara Legislativa (Brasil, 1988, art. 32), respeitados os princípios estabelecidos na Constituição Federal. Ademais, por força do art. 32 da CRFB, "reger-se-á pelas suas leis distritais, editadas no exercício de sua competência legislativa" (Moraes, 2012, p. 307).

Por abrigar a Capital Federal, sediando a cúpula dos Três Poderes da República, os constituintes de 1988 não atribuíram ao DF poderes para organizar ou manter a polícia civil e militar. Mesmo os vencimentos dessas categorias submetem-se às normas da União (Súmula n. 647 do STF) (Brasil, 2003b). Ademais, o DF também não tem poderes para organizar e manter o Poder Judiciário e o Ministério Público do Distrito Federal, dado serem matérias de competência privativa da União Federal (Brasil, 1988, art. 21, XIII).

A Defensoria Pública, com base na Emenda Constitucional n. 69/2012[12] (Brasil, 1988), passou a ser organizada pelo próprio DF. Branco (2011) aponta que, até a referida Emenda Constitucional, a Procuradoria-Geral do DF era a única função essencial à Justiça sujeita à esfera de organização deste ente federativo.

Impendem ainda ao Distrito Federal todas as competências tributárias atribuídas aos estados e municípios (Brasil, 1988, art. 147).

Autogoverno

Com o já foi referido, a partir de 1988 o DF passou a ser governado por um governador que, assim como o vice-governador, é eleito pelo voto popular (Brasil, 1988, art. 32, parágrafo 2º).

---

2   Sendo as Emendas Constitucionais normas que, por natureza, passam a integrar o corpo da Carta Constitucional, referenciá-las como fonte apartada seria despiciendo e mesmo prejudicial ao estudo.

O Poder Legislativo é composto pela Câmara Legislativa do DF, eleita pelo voto popular e composta, no momento, por 24 deputados distritais.

A autonomia do DF é enfraquecida pelo fato de seu Poder Judiciário depender, quanto a organização e manutenção, de normas exaradas pela União.

Autoadministração

Quanto à autoadministração, Moraes (2012, p. 307) bem resume o tema ao afirmar que ela se materializa pela possibilidade de o DF "exercer suas competências administrativas, legislativas e tributárias constitucionalmente deferidas, sem qualquer ingerência da União". De fato, embora com algumas limitações desconhecidas pelos estados, o DF consegue exercer sua vontade, tal como um verdadeiro ente federativo.

— 3.2.2 —
Competências legislativas e materiais reservadas ao Distrito Federal

Sobre esse aspecto, já se pôde perceber que as competências do DF reúnem aquelas dos estados e municípios, com algumas limitações. Vide, a título de exemplo, os artigos 21, inciso XIV, e 22, inciso XVII, da CRFB, já referidos.

Ao DF, portanto, aplicam-se os parágrafos 1º e 2º do art. 25 (Brasil, 1988). Assim, são-lhe reservadas as competências que não lhe forem vedadas pela Constituição, a exemplo do que acontece com os estados.

Como ocorre com os municípios, pode o DF (art. 30): "I – legislar sobre assuntos de interesse local; II – suplementar a legislação federal e a estadual no que couber; [...]".

Há, ainda, como ocorre com os estados, a competência para suplementar as normas gerais exaradas pela União Federal nas questões de que trata o art. 24 da CRFB (Brasil, 1988). Assim, por exemplo, "educação, cultura, ensino, desporto, ciência, tecnologia, pesquisa, desenvolvimento e inovação" (inc. IX) e "proteção à infância e à juventude" (inc. XV).

No que toca à competência legislativa delegada, a CRFB não menciona o DF como elegível para receber, da União, autorização para legislar sobre questões de sua competência privativa. É o que se depreende da leitura do art. 22, parágrafo único. Em sentido contrário a este encontra-se o posicionamento de Lenza (2018).

Por fim, cumpre salientar que o DF não pode fracionar seu território entre diferentes municípios, por força do *caput* do art. 32.

— 3.3 —
Os municípios

José Afonso da Silva (2019) aponta que os municípios, em constituições anteriores, já gozavam de governo próprio e competências legislativas e materiais exclusivas. Agora, com a Constituição de 1988, foi-lhes assegurado o poder de auto-organização, além da ampliação das duas prerrogativas anteriores.

A autonomia dos centros urbanos é uma questão milenar e tem ordem prática. Ao longo da história, as cidades e respectivos arredores seguiram uma tendência de criar núcleos políticos e administrativos, autônomos e até mesmo independentes. Lembremo-nos das cidades-Estados gregas da Antiguidade clássica, assim como das cidades medievais, dentre vários outros exemplos. Tais espaços geográficos, razoavelmente limitados, permitem que o cidadão tenha contato direto com as lideranças políticas. Permite, ainda, que esses líderes tomem conhecimento direto dos problemas da comunidade e atuem com maior eficiência.

O jurista alemão Stier-Somlo (citado por Bonavides, 2014, p. 351) afirmava que "as comunidades, tanto quanto o indivíduo, possuem por igual um conjunto de direitos próprios e intangíveis, um direito fundamental que o Estado não cria mas apenas reconhece e que são direitos natos dos municípios".

A tal posicionamento, somam-se outros, inclusive relacionados à eficiência administrativa e ao Princípio da Subsidiariedade, que será estudado no item 3.4. Sobre a temática, outro fator a ser ponderado foi assim ressaltado por Bermann (1994, p. 341):

"Um resultado da organização do poder de maneira a promover a autodeterminação e a capacidade de resposta é que as populações locais podem preservar melhor seu senso de identidade social e cultural".

No Ocidente, entretanto, a autonomia municipal vem sendo afetada por oscilações históricas, marcadas por retrocessos e por ciclos de restauração (Bonavides, 2011). A fase atual do constitucionalismo brasileiro encontra-se em um período de reafirmação da autoridade do poder local.

— 3.3.1 —
Natureza jurídica e características dos municípios

A Constituição de 1988 é aquela que concedeu maior autonomia aos municípios, embora os doutrinadores ainda tenham dúvidas se aqueles realmente se transformaram em entidades federadas.

Para Horta (2010), o aumento da relevância dos municípios na Constituição Federal de 1988 não justifica a presença destes na composição de nosso Estado Federal, visto ser este fruto da associação de seus estados-membros. Assim, para Horta (2010, p. 316), o município "não participa da repartição federal de competências".

Silva (2019, p. 649) sustenta que a Constituição não afirma a condição de ente federado ao município, embora reconheça que o sistema constitucional brasileiro tem a peculiaridade de admitir três esferas governamentais: governo federal, governos estaduais e governos municipais, além do DF.

Para alguns, ficou clara a intenção dos constituintes em incluir os municípios na condição de partes integrantes da Federação. A Constituição de 1988 determina, em seu art. 1º, que a República Federativa do Brasil é "formada pela união indissolúvel dos Estados e Municípios e do Distrito Federal" (Brasil, 1988). Ademais, o art. 18 estipula que "a organização político-administrativa da República Federativa do Brasil compreende a União, os Estados, o Distrito Federal e os Municípios, todos autônomos, nos termos desta Constituição" (Brasil, 1988).

Sobre essa questão, Moraes (2012, p. 296) afirma que "a Constituição Federal consagrou o Município como entidade federativa indispensável ao nosso sistema federativo". Já Bonavides (2014), que trata com profundidade sobre esse assunto, ressalta que o grau de autonomia alcançado pelos municípios na Constituição de 1988 não encontra paralelo nas uniões federativas contemporâneas internacionais.

Lenza (2018, p. 525) reforça esses argumentos com mais um. Afinal, são eles "dotados de autonomia própria, materializada por sua capacidade de auto-organização, autogoverno, auto-administração e autolegislação. Ainda mais diante do art. 34, VII, 'c', que prevê a intervenção federal na hipótese de o Estado não respeitar a autonomia municipal".

Apesar das controvérsias, os municípios são, inquestionavelmente, pessoas jurídicas de direito público interno, que englobam " [...] um conjunto de vizinhos com interesses locais e comuns, com autonomia política, administrativa, financeira e de auto-organização, garantida pela Constituição Federal, que lhe define a competência" (Costa, 2009, p. 621).

O fato é que os municípios são dotados de elementos básicos, que lhes permitem exercer uma autonomia federativa. "A autonomia municipal, da mesma forma que a dos Estados-membros, configura-se pela trípice capacidade de auto-organização e normatização própria, autogoverno e autoadministração" (Moraes, 2012, p. 296)[3].

Contudo, no que tange ao funcionamento das instituições, estas não possuem aqueles parlamentares que, na visão clássica norte-americana, deveriam ser a voz dos membros da Federação no Congresso Nacional, isto é, senadores.

Auto-organização e normatização própria

Horta (2010, p. 591) traça, desde os tempos dos impérios, os males impor aos municípios leis uniformes e simétricas. Ele menciona o "vício da uniformidade", que ignora as particularidades de cada região, assim como a enorme diversidade populacional, econômica, urbana e rural dessas células que compõem e formam o país. Esse autor esperava ser possível um regime constitucional que não inibisse a criatividade local na busca pelos seus objetivos, em função das suas necessidades peculiares, autorizando aos

---

3   Nesse sentido, observe os três subtópicos da sequência.

municípios o controle sobre formas diversificadas de auto-organização (Horta, 2010).

Atualmente, o atributo da auto-organização vem da capacidade que cada município tem de discutir, redigir e votar sua própria Lei Orgânica com base nos limites explícitos e implícitos da Constituição Federal, aprovada e promulgada pela Câmara Municipal (Brasil, 1988, art. 29). Ou seja, seu trâmite e sua vigência independem de órgãos estaduais ou federais.

Para Bonavides (2011), o art. 29 da CRFB ampliou, de forma considerável, a institucionalização dos municípios, emprestando concretude ao novo modelo de Federação apresentado pelo art. 18 (Brasil, 1988). Isso porque, ao se exigir que a Lei Orgânica seja votada por quórum qualificado de dois terços dos membros da Câmara Municipal, tem-se "um diploma dotado de grau de rigidez análogo ao que possuem as cartas constitucionais" (Bonavides, 2011, p. 345).

Destaca-se, ainda, a normatização própria. Ou seja, além de redigirem a própria Lei Orgânica, com todas as limitações vistas, os municípios também têm o poder de criar normas voltadas à organização interna, dentro das próprias esferas de competência.

Autogoverno

Ao tempo da Constituição de 1967, vários municípios tinham prefeitos nomeados pelo governador do estado (Brasil, 1967, art. 16). Era o caso, por exemplo, dos prefeitos das capitais.

O desaparecimento dessa situação ajudou a consolidar a autonomia dos municípios.

Atualmente, a regra é a eleição direta dos prefeitos, vice-prefeitos e vereadores, sem qualquer interferência das autoridades administrativas estaduais ou federais, para mandatos de quatro anos. Esses cargos submetem-se a uma eleição simultânea, em todo o país.

O prefeito, como se sabe, é o chefe do Poder Executivo local. A ele cabe escolher os secretários municipais, responsáveis pelas diferentes pastas (saúde, educação, urbanismo etc.), além de conduzir as estratégias a serem adotadas ao longo do seu mandato. Além de poder enviar projetos de lei à Câmara dos Vereadores, o prefeito também as sanciona e promulga, "nos termos propostos como modelo, pelo processo legislativo federal" (Moraes, 2012, p. 329).

O art. 29, X, da CRFB, após a Emenda Constitucional n. 1, de 31 de março de 1992, concedeu foro privilegiado aos prefeitos por infrações penais cometidas durante o mandato. Porém, a emenda constitucional não foi clara quanto ao tipo de infração penal atribuída à competência do Tribunal, "cabendo à Jurisprudência essa definição" (Moraes, 2012, p. 301).

A Constituição Federal determina o número máximo de parlamentares que vão compor a Câmara dos Vereadores de cada município. Esses números variam de 9 a 55 em função do tamanho da população (Brasil, 1988, art. 29, IV). De igual, para tentar conter os gastos do Poder Legislativo municipal e o peso que ele vinha ocupando no orçamento dos pequenos municípios, a Emenda Constitucional n. 25, de 14 de fevereiro de 2000, criou o art. 29-A, estipulando o percentual máximo de suas despesas em função das receitas do ente federativo (Brasil, 1988). Esses percentuais se tornaram mais restritos pela Emenda Constitucional n. 58, de 11 de novembro de 2009 (Brasil, 1988). Ainda assim, um município com mais de 8 milhões de habitantes poderá comprometer até 3,5% da própria receita com a manutenção do Poder Legislativo (29-A, VI), sem contar os com inativos.

Em contraste com os estados e a União, os municípios não possuem Poder Judiciário próprio.

Autoadministração

Alexandre de Moraes (2012, p. 296) vislumbra a realização desse poder concedido aos municípios pelo exercício "de suas competências administrativas, tributárias e legislativas, diretamente conferidas pela Constituição Federal".

Para tanto, gozam de recursos próprios, que emanam dos tributos que lhe são atribuídos pela Constituição Federal (exemplo: IPTU) e por repasses também previstos constitucionalmente (exemplo: Fundo de Participação dos Municípios). Afinal, não há verdadeira autonomia quando um ente estatal não tem recursos próprios constitucionalmente garantidos.

Um dispositivo importante, mas pouco conhecido, é aquele que determina que "as contas dos Municípios ficarão, durante sessenta dias, anualmente, à disposição de qualquer contribuinte, para exame e apreciação, o qual poderá questionar-lhes a legitimidade, nos termos da lei" (Brasil, 1988, art. 30, parágrafo 3º). Trata-se de regra condizente com a proximidade que se espera haver entre este ente federativo, geograficamente mais restrito, e o cidadão.

— 3.3.2 —
Fusão, cisão e desmembramento de municípios

Eis um tema que se tornou extremamente complexo após a Emenda Constitucional n. 15, de 12 de setembro de 1996, que exigiu a edição de Lei Complementar Federal para disciplinar parte da matéria (Brasil, 1988). Observe-se a atual redação do art. 18, parágrafo 4º da CRFB:

> § 4º A criação, a incorporação, a fusão e o desmembramento de Municípios, far-se-ão por lei estadual, dentro do período determinado por Lei Complementar Federal, e dependerão de consulta prévia, mediante plebiscito, às populações dos Municípios envolvidos, após divulgação dos Estudos de Viabilidade Municipal, apresentados e publicados na forma da lei. (Brasil, 1988)

A referida Lei Complementar Federal nunca foi editada, embora o Congresso Nacional tenha aprovado, por mais de uma vez, projetos nesse sentido (Lenza, 2018), todos os quais foram vetados pela presidência da República sob o argumento de que a criação de novos municípios, naquele momento, gerariam novas despesas, sem a geração de novas receitas (Lenza, 2018).

Ainda assim, entre a Emenda Constitucional de 1996 e o ano de 2006 muitos municípios foram criados, ao arrepio da Constituição. Tal vício foi apontado pelo STF, que, dada a mora do Congresso Nacional em aprovar a referida Lei Complementar, impôs prazos, ora de 18, ora de 24 meses (Moraes, 2012, p. 312), para a adoção de "todas as providências legislativas ao cumprimento da referida norma constitucional" (Brasil, 2007b).

De modo a sanar, ainda que em parte, essa questão, o Congresso Nacional promulgou a Emenda Constitucional n. 57, de 18 de dezembro de 2008, que acrescentou mais um artigo ao Ato das Disposições Constitucionais Transitórias (ADCT, art. 96) (Brasil, 1988). Tal emenda, bastante controvertida, determinou o seguinte: "Ficam convalidados os atos de criação, fusão, incorporação e desmembramento de Municípios, cuja lei tenha sido publicada até 31 de dezembro de 2006, atendidos os requisitos estabelecidos na legislação do respectivo Estado à época de sua criação".

Desse modo, como até a data da finalização deste livro, a Lei Complementar de que trata o art. 18, parágrafo 4º da CRFB não havia sido editada, não existia ainda a possibilidade de criação, incorporação, fusão ou desmembramento de municípios no Brasil.

Caso essa questão venha a ser sanada, o plebiscito envolverá "consulta prévia, mediante plebiscito, às populações dos Municípios envolvidos" (Brasil, 1988, art. 18, parágrafo 4º). Vê-se que não há aquela ambiguidade que aconteceu quanto ao plebiscito envolvendo os estados, cujo texto constitucional fala em "aprovação da população diretamente interessada" (Brasil, 1988, art. 18, parágrafo 3º). A questão também foi regulamentada na já referida Lei n. 9.709/1998 (vide item 3.1.4, *supra*).

Criado um novo município, o art. 29, inciso I, da CRFB obrigará que se aguarde o "pleito direto e simultâneo realizado em todo o País" para a eleição do prefeito, do vice-prefeito e dos vereadores. Essa é a posição partilhada com Alexandre de Moraes (2012, p. 312). Feita a eleição, os vereadores, primeiros legisladores daquele novo ente da Federação, deverão compor a "Câmara Organizante", que, no prazo de seis meses, vai elaborar a Lei Orgânica Municipal (Costa, 2009).

Em 2019, durante o governo do Presidente Bolsonaro, o Ministro da Economia Paulo Guedes apresentou o "Plano Mais Brasil". Dentre as medidas, previa-se que municípios com menos de 5 mil habitantes e arrecadação própria menor que 10% da receita total seriam incorporados por um município vizinho (Brasil, 2019h). Tal medida, ainda que seja razoável, demandaria uma Emenda Constitucional e levantaria debates de ordem constitucional, pois colocaria em dúvida a autonomia dos municípios e a liberdade de escolha de seus cidadãos e dos cidadãos do município vizinho.

— 3.3.3 —
A competência legislativa dos municípios

O município tem competência expressa e exclusiva para promulgar sua Lei Orgânica – capacidade de auto-organização – e para "legislar sobre assuntos de interesse local" (Brasil, 1988, art. 30, inc. I).

É também expressa a competência para aprovar o plano diretor, "instrumento básico da política de desenvolvimento e de expansão urbana" (Brasil, 1988, art. 182, parágrafo 1º). Aliás, tal norma é obrigatória para os municípios que abriguem cidades com mais de 20 mil habitantes (Brasil, 1988, art. 182, parágrafo 1º).

E em termos de competência suplementar? Nesse caso, a competência do município, a depender da interpretação que se faça, é bastante ampla, uma vez que, de acordo com o art. 30, II da CRFB, ele pode "suplementar a legislação federal e a estadual no que couber" (Brasil, 1988).

E poderia ele, por conta desse dispositivo, legislar concorrentemente sobre temas do art. 24, embora ele não seja ali mencionado? A resposta é afirmativa. Dada sua competência para legislar sobre questões de interesse local, caberá ao município tratar, por exemplo, da "proteção e integração social das pessoas portadoras de deficiência" e "proteção à infância e à juventude" (Brasil, 1988, art. 24, XIV e XV).

No que toca à proteção do solo, do meio ambiente e do controle da poluição, matérias constantes do art. 24, inciso VI, da CRFB, são muitas as ações movidas contra os municípios, ao argumento de que estariam invadindo a competência concorrente atribuída à União e aos estados. Em grande parte, elas têm sido julgadas improcedentes. Em março de 2020, por exemplo, o STF defendeu a postura de um município famoso pela produção de uvas, que criou regras restritivas sobre o uso de agrotóxicos. O Ministro Gilmar Mendes, ao lembrar a supremacia do interesse local (Agravo no Recurso Extraordinário n. 761.056), assim decidiu:

> [...] o município, além da competência político-administrativa, possui competência legislativa para estabelecer diretrizes de proteção ao meio ambiente e de combate à poluição. [...] Assim, não ocorre usurpação de competência da União e do Estado para legislar sobre agrotóxicos e biocidas, mas tão somente o exercício da competência suplementar concedida ao Município [...]. (Brasil, 2020c)

Mas, obviamente, há várias outras questões no art. 24 que não lhe dizem respeito. É o caso da "organização, garantias, direitos e deveres das polícias civis" (inc. XVI).

O art. 30 da CRFB tem outros incisos que tratam de competências de índole ora legislativa, ora material. Por exemplo:

- "instituir e arrecadar os tributos de sua competência, bem como aplicar suas rendas, sem prejuízo da obrigatoriedade

de prestar contas e publicar balancetes nos prazos fixados em lei" (inc. III);
- "criar, organizar e suprimir distritos, observada a legislação estadual" (inc. IV).

Neste ponto, a posição aqui adotada contrasta com Lenza (2018, p. 528) e Moraes (2012, p. 318), para quem as competências do art. 30, incisos III a IX da CRFB, são administrativas. Nesta obra, entendemos que alguns dos incisos do art. 30 englobam tanto ações materiais quanto ações de cunho administrativo. Assim, por exemplo, "instituir tributos" e "criar distritos" são ações que dependem de competência legislativa. Por outro lado, "aplicar suas rendas" e "organizar distritos" são de índole material.

Pode-se incluir aqui, ainda, a possibilidade de "constituir guardas municipais destinadas à proteção de seus bens, serviços e instalações, conforme dispuser a lei" (Brasil, 1988, art. 144, parágrafo 8º).

Assim, o município, talvez mais do que os estados, tem ampla autonomia para disciplinar as matérias condizentes com os seus objetivos, enquanto entidade política autônoma. Durante a pandemia do Covid-19, isso lhe conferiu agilidade suficiente para regular o fluxo de pessoas, em função das oscilações da doença, assim como para impor punições administrativas. Mesmo contrariando determinações do estado e da União.

— 3.3.4 —
Competências municipais materiais (administrativas ou não legislativas)

Essas competências são de dois tipos:

1. **comum**, também conhecida como cumulativa, paralela ou concorrente;
2. **privativa** ou enumerada.

A **competência material comum**, que foi estudada no Capítulo 2, guarda relação com o art. 23 da CRFB. Ela envolve a atuação concorrente da União, dos estados, do Distrito Federal e dos municípios em prol da solução de preocupações gerais da sociedade brasileira. São questões que, ao mesmo tempo, são nacionais e interessam às coletividades locais, como é o caso do combate às causas da pobreza e aos fatores de marginalização, "promovendo a integração social dos setores desfavorecidos" (inc. X). Para superar tal gênero de desafio, não pode haver hierarquia entre os diferentes entes federativos, uma vez que, mesmo com a atuação de todos, os temas contidos no art. 23 da CRFB continuarão a demandar esforços.

A **competência privativa material**, ou enumerada, por sua vez, envolve aspectos inseridos no art. 30, incisos III a IX, da CRFB, com a ressalva feita no item anterior, quanto a alguns aspectos de natureza não legislativa. Assim, tem-se aqui:

III – instituir e arrecadar os tributos de sua competência, bem como aplicar suas rendas, sem prejuízo da obrigatoriedade de prestar contas e publicar balancetes nos prazos fixados em lei;

IV – criar, organizar e suprimir distritos, observada a legislação estadual;

V – organizar e prestar, diretamente ou sob regime de concessão ou permissão, os serviços públicos de interesse local, incluído o de transporte coletivo, que tem caráter essencial;

VI – manter, com a cooperação técnica e financeira da União e do Estado, programas de educação infantil e de ensino fundamental;

VII – prestar, com a cooperação técnica e financeira da União e do Estado, serviços de atendimento à saúde da população;

VIII – promover, no que couber, adequado ordenamento territorial, mediante planejamento e controle do uso, do parcelamento e da ocupação do solo urbano;

IX – promover a proteção do patrimônio histórico-cultural local, observada a legislação e a ação fiscalizadora federal e estadual. (Brasil, 1988)

Em suma, são questões nas quais a atuação do município ocorre praticamente sem amarras e de acordo com as próprias prioridades locais.

Tais competências, por vezes, seriam usurpadas pelos estados, não fosse a intervenção do Poder Judiciário. Um exemplo desse conflito se deu por força do artigo 228, *caput* e parágrafo 1º, da Constituição do Estado da Bahia, que deslocava, para o Estado, "a titularidade do poder concedente para prestação de serviço público de saneamento básico, cujo interesse é predominantemente local" (Brasil, 2019a, s.p.). Isso privaria os municípios de exercer a competência prevista no art. 30, inciso V, para organizar os serviços públicos de interesse local. Tal dispositivo foi, por esse motivo, julgado inconstitucional (Brasil, 2019a).

— 3.4 —
O Princípio da Subsidiariedade

Um tema da maior importância para a compreensão do federalismo contemporâneo é o Princípio da Subsidiariedade, muito estudado e difundido por José Alfredo de Oliveira Baracho. Para trazê-lo à tona, busquemos como exemplo um fato que abalou a sociedade brasileira sob muitos ângulos.

No ano de 2020, o mundo foi atingido pela pandemia de Covid-19. Foi uma situação tão disruptiva, e de evolução tão acelerada, que era difícil para as lideranças de cada país decidirem qual seria a melhor estratégia a ser adotada. Tais hesitações também ocorreram no Brasil e, dadas as diferenças de ponto de vista dentro do próprio governo Federal – a posição do ministro da Saúde diverge da posição do presidente da República (Gullino;

Maia, 2020) – cada estado e cada município pretenderam tomar as próprias medidas. Em alguns casos, os governadores buscaram produzir decretos que limitavam as atividades econômicas de todos os municípios (São Paulo, 2020).

No caso de São Luís, capital do Maranhão, coube a um juiz determinar o *lockdown* (isolamento rigoroso) da população quando a ocupação dos leitos de UTI alcançou 100% (Maranhão, 2020).

Como já foi referido em outro ponto desta obra, dentro desse contexto, o governo federal editou a Medida Provisória n. 926/2020 a fim de atribuir ao presidente da República a competência para definir os serviços públicos e atividades essenciais cujos funcionamentos deveriam ser resguardados (art. 3º, parágrafo 8º, combinado com o parágrafo 9º) (Brasil, 2020g). Contra essa medida provisória foi ajuizada a Ação Direta de Inconstitucionalidade (ADI) n. 6.341 (Brasil, 2020b). Decidiu o STF que o artigo impugnado deve ser "interpretado de acordo com a Constituição, a fim de deixar claro que a União pode legislar sobre o tema, mas que o exercício desta competência deve sempre resguardar a autonomia dos demais entes" (Brasil, 2020e, s.p.).

Daí a surge a pergunta: "quando uma intervenção da União será mais eficiente do que uma solução adotada localmente?". O Princípio da Subsidiariedade, nesse caso, é um critério que pode ser adotado, embora não esteja explicitamente referido em nossa Constituição Federal.

De acordo com Horta (2003, p. 13), a subsidiariedade advém da "idéia de auxílio, de reforço, de subsidiário, de subsídio, de complementação, de supletividade". Kühnhardt (citado por Baracho, 1996, p. 45) lembra que a palavra latina *subsiduum* "descreve o conceito de dar assistência a unidades menores, de modo a preservar sua viabilidade e aumentar seu escopo".

Pinçando da obra de Baracho (1996), a subsidiariedade guarda relação com o federalismo, em seus atributos de descentralização, pluralidade de governo, concepção de comunidade, democracia, eficiência e busca do bem comum. Mas ainda não é tudo.

A doutrina brasileira e estrangeira vê a origem do Princípio da Subsidiariedade em uma passagem da *Quadragesimo Anno* (1931), do papa Pio XI, que assim dizia:

> [...] assim como é injusto subtrair aos indivíduos o que eles podem efectuar com a própria iniciativa e indústria, para o confiar à colectividade, do mesmo modo passar para uma sociedade maior e mais elevada o que sociedades menores e inferiores podiam conseguir, é uma injustiça, um grave dano e perturbação da boa ordem social. O fim natural da sociedade e da sua acção é coadjuvar os seus membros, não destruí-los nem absorvê-los.

Estava o papa preocupado com os efeitos do liberalismo e do individualismo, que haviam enfraquecido as comunidades e as associações, deixando o indivíduo praticamente sozinho, tendo de confrontar a frieza e o distanciamento do Estado. O Princípio da Subsidiariedade nasce, então, da necessidade de recriar entidades que preencham o longo hiato entre o cidadão e o governo central (Baracho, 1996). Em uma República Federativa, essa função pode ser suprida pelo estado-membro, com competências reservadas. E, no caso do Brasil, também pelos municípios, a quem cabe "legislar sobre assuntos de interesse local" e "suplementar a legislação federal e a estadual no que couber" (Brasil, 1988, art. 30, inc. I e II). Por fim, não devemos esquecer a sociedade civil organizada, as associações, igrejas, clubes e entidades como a Ordem dos Advogados do Brasil (OAB).

Havendo as pontes entre o poder central e o indivíduo, a supletividade e a eficiência das ações de cada esfera tornam-se possíveis. Sobre o papel dos municípios nesse processo, ressalta Baracho que: "A descentralização, nesse nível, deverá ser estímulo às liberdades, à criatividade, às iniciativas e à vitalidade das diversas legalidades, impulsionando novo tipo de crescimento e melhorias sociais" (Baracho, 1996, p. 19).

Esse autor também destaca:

> O melhor clima das relações entre cidadãos e autoridades deve iniciar-se nos municípios, tendo em vista o conhecimento recíproco, facilitando o diagnóstico dos problemas sociais e a participação motivada e responsável dos grupos sociais na solução dos problemas, gerando confiança e credibilidade. (Barracho, 1996, p. 19-20)

A subsidiariedade, trazida para explicar e justificar o federalismo, cuida da sutil relação entre o Estado Federal, os seus entes menores e os órgãos da sociedade civil, a fim de atender e respeitar os legítimos interesses particulares. Ela ora envolve a intervenção do ente central, que vem para oferecer auxílio, ora envolve o distanciamento desse mesmo ente, consciente de que deve respeitar a vontade local. Daí o motivo pelo qual Baracho (1996, p. 48) adverte que a subsidiariedade não deve ser confundida com a defesa de um "Estado mínimo e débil, que se retrai a simples funções de vigilância, resguardo ou arbitragem".

George Bermann (1994) aduz que a subsidiariedade expressa uma preferência pela governança no âmbito mais local. Mas ele adverte que, embora a virtude de tal prioridade possa ser vista como autoevidente, seu sucesso depende da nossa capacidade em traçar conexões entre o governo local e alguns valores fundamentais que devem ser identificados. Ou seja, a subsidiariedade não pode ser vista isoladamente ou como um fim em si mesmo. Isso porque a aplicação eficiente da subsidiariedade depende de sabermos quais são os valores da sociedade que estão em jogo.

A Constituição portuguesa, no art. 6º, parágrafo 1º, faz referência expressa a esse princípio (Portugal, 1976). A União Europeia, por meio do Tratado de Maastricht (União Europeia, 1992), também o reconhece.

Esse tratado determina que a União Europeia não deve intervir em questões que não sejam de sua competência exclusiva, "salvo se os objetivos da ação visada não possam ser realizados de maneira suficiente pelos Estados-membros e justifiquem, portanto, em razão das dimensões ou dos efeitos da ação, sua melhor realização no nível comunitário" (Horta, 2003, p. 155). Indo além, o referido princípio também pode ser visto como mecanismo de controle político das normas editadas pela União Europeia, embora isso não seja uma tarefa fácil (Bermann, 1994, p. 334).

O federalismo brasileiro, assim como a lenta construção do Mercado Comum do Sul (Mercosul), leva estudiosos do direito constitucional – como Baracho e Horta – a admitir sua existência no nosso ordenamento, ainda que implicitamente. Ele se insere nas "perspectivas do federalismo cooperativo e de equilíbrio" (Horta, 2002, p. 164), tão em voga no Brasil contemporâneo.

Na relação da União Federal com os estados e destes com os municípios, o princípio da subsidiariedade permite:

- determinar se é conveniente uma ação do ente federal mais amplo em apoio ao ente federal em que se localiza o problema (estado ou município);
- verificar se essa intervenção é um atentado à autonomia dos entes federados;
- evitar que, em prejuízo da maior eficiência, atribua-se ao ente federado mais distante (União ou estado) ações que podem ser mais bem executadas pelo ente federal mais próximo ao problema (estado ou município);
- dar fundamento para a ação da União (ou do estado) quando o ente local, agindo isoladamente, não for claramente capaz de oferecer uma solução eficaz, dadas as dimensões do desafio enfrentado;

- por outro lado, preservar a competência dos entes locais quando a ação da União (ou do Estado) não tiver o condão de ser eficaz.

Por fim, é interessante observar que essa estrutura constitucional de repartição de competências, aliada ao Princípio da Subsidiariedade – presente silenciosamente no espírito de nosso sistema federativo –, também se reflete em soluções da nossa legislação ordinária. O Ministro da Saúde, Nelson Teich, ao pedir demissão do Ministério durante a pandemia, fez um alerta que guarda íntima relação com esse estudo (UOL, 2020, s.p.):

> A missão da saúde e tripartite. A gente envolve Ministério da Saúde, o Conass (Conselho Nacional de Secretários de Saúde) e o Conasems (Conselho Nacional de Secretarias Municipais de Saúde), secretários estaduais e municipais, e isso é uma coisa muito importante, deixar claro. O MS vê isso como algo absolutamente verdadeiro e essencial para conduzir a saúde desse país, tanto na parte estratégica como na parte de execução.

Vemos, portanto, que o Princípio da Subsidiariedade não se limita a um "dever ser". Configura um elemento, ainda que subjetivo, para a tomada de decisões, no âmbito da federação. Bem compreendido, poderia ter servido como uma bússola em situações tempestuosas, como a da relação entre os entes federativos durante a recente pandemia.

Capítulo 4

Defesa do Estado e das instituições democráticas e intervenção em municípios, estados e Distrito Federal

Uma Carta Constitucional deve imperar sob um *status* de normalidade institucional, com o adequado funcionamento dos três poderes e dos entes federativos. Contudo, a história do Brasil e de diferentes nações demonstra que não estamos livres do surgimento de graves comoções, geradas por causas internas ou externas, com repercussões que podem ser locais ou se estender por todo o país. Tais comoções, caso não resolvidas a tempo, podem gerar violências, depredações e ataques às instituições constituídas, causando uma ruptura do estado de direito.

Desse modo, seria uma temeridade se a Constituição de 1988 não pudesse prever diferentes tipos de remédios para as variadas formas de crise que a experiência constitucional brasileira nos revela possíveis. Tais remédios serão, eventualmente, amargos. Por essa razão, somente devem ser aplicados após cuidadosa ponderação e se revestidos por certos cuidados. As medidas aplicadas poderão ser até mesmo violentas, mas nunca arbitrárias ou livres de apreciação pelo Poder Legislativo ou pelo Poder Judiciário.

Uma Constituição duradoura deve pensar no futuro, nas incertezas políticas, nas futuras gerações. Deve apresentar respostas para os momentos mais graves e deslegitimar a tomada do poder por vias contrárias à ordem jurídica legítima.

Dadas essas premissas, neste capítulo abordaremos a defesa do Estado e das instituições democráticas, assim como a intervenção nos estados, no Distrito Federal e nos municípios.

A intervenção nos entes federativos não está formalmente no título da CRFB dedicado à defesa do Estado e das instituições democráticas. Seu estudo, no entanto, por tratar de medidas excepcionais, voltadas ao retorno à normalidade institucional, parece ser adequado ao presente capítulo.

— 4.1 —
Pensando a defesa do Estado e das instituições democráticas

Todo Estado se comporta como uma estrutura política que mira para a eternidade. Toda Constituição, quando promulgada, se apresenta como, potencialmente, a última. Assim, o Estado, a Constituição e as instituições que garantem o funcionamento de um e a vigência do(s) outro(s) buscam se cercar de mecanismos que garantam a própria sobrevivência, a própria perpetuidade. Isso exige rigidez, em alguns aspectos, e flexibilidade em outros. A Carta de 1988 é rígida ao negar a possibilidade de secessão de algum estado-membro e ao fixar certas cláusulas pétreas. No entanto, também oferece flexibilidade ao permitir que seja emendada. Afinal, quem visa à eternidade deve aceitar mudanças, adaptações às novas realidades.

A Constituição vigente, ao implantar um estado democrático de direito, estimula a convivência pacífica entre diferentes forças políticas, que competem entre si e buscam influenciar os rumos da nação. Dentro desse ambiente, nenhum governo pode suprimir as forças que, democraticamente, fazem-lhe oposição. Por outro lado, nenhum grupo de oposição pode desestabilizar violentamente o poder constituído legitimamente. O povo elege os seus governantes e representantes para que estes cumpram o mandato até o fim. A saída prematura de qualquer um deles deve ocorrer por motivos e mecanismos previamente estabelecidos. Contudo, como dizia Baleeiro (1978, p. 73): "O Estado não pertence ao reino dos céus: reflete a sua condição de instituição do homem, passível de todos os defeitos inseparáveis da falibilidade humana".

Nesse contexto, é natural que a Constituição tenha diferentes instrumentos para a manutenção do *status quo*, tais como a Ação Direta de Inconstitucionalidade, o sistema de pesos e contrapesos na relação entre os três Poderes e, também, um "sistema constitucional das crises". Este último – foco do presente capítulo – é tratado, na Constituição de 1988, no Título V, destinado aos instrumentos de defesa do Estado e das instituições democráticas. Ali encontraremos, dentre outros instrumentos, o **estado de defesa** e o **estado de sítio**.

Tais instrumentos são dotados de características que suspendem certos direitos individuais. Eles são, em certa medida, um mal ou um remédio amargo, mas existem para evitar o surgimento de males ainda maiores e, possivelmente, de difícil reparação. "Dito de outro modo, a ordem constitucional deve predominar sobre as forças antissistema, ainda que isto implique, em certa medida, a suspensão de alguns dos aspectos da normalidade jurídico-política" (Almeida Filho, 2009, p. 1.689).

No dizer de Paulo Bonavides (2011, p. 533), são "remédios excepcionais, fadados a manter de pé, em ocasiões de crise e instabilidade, as bases do regime e o sistema das instituições".

O sistema constitucional das crises "protege a unicidade da Constituição porque ele tem como objetivo preservar o ordenamento constitucional nos moldes da decisão constituinte, relacionando-se, também, por causa disso, com os valores fundamentais da comunidade política" (Almeida Filho, 2009, p. 1.682).

No que tange à decretação do **estado de defesa** e do **estado de sítio**, por serem mecanismos que autorizam o Estado a usar seu poder repressivo para restaurar a normalidade institucional, eles precisam ser regidos por três princípios comuns (Bulos, 2019; Silva, 2019):

1. **Necessidade** – o estado de defesa e o estado de sítio "só podem ser declarados à luz de fatos que os justifiquem, v. g., conturbações de ordem pública, ameaças à paz social, instabilidades institucionais, terremotos, enchentes etc." (Bulos, 2019, p. 1.468). Não podem ser usados para a perseguição de desafetos políticos, reprimir manifestações lícitas e pacíficas, proteger uma corrente ideológica ou para resolver crises passíveis de serem amenizadas por outros meios (exemplo: mera crise econômica). Sua razão de ser repousa na "mantença ou restabelecimento da normalidade constitucional" (Moraes, 2012, p. 839). Sem que haja uma real necessidade, "o estado de exceção configurará puro golpe de estado, simples arbítrio" (Silva, 2019, p. 776). Na opinião de José Afonso da Silva

(2019, p. 776), isso foi o que aconteceu com a instauração do Ato Institucional n. 5 de 1968, que vigorou até 1978, "porque voltada apenas para coibir adversários políticos e sustentar os detentores do poder".

2. **Temporariedade** – a medida, por ser excepcional, por afetar a vida e as liberdades de toda uma comunidade, ou de todo o país, não pode se protrair indefinidamente no tempo. Assim, como regra, sua duração deve ser a mais curta possível e estar expressa no decreto da sua instauração e dentro dos limites impostos pela Constituição Federal. A não ser no caso de agressão externa, quando poderá ser mantida até o fim das ações militares ou da ameaça (Brasil, 1988, art. 138, parágrafo 1º).

3. **Proporcionalidade** – as medidas restritivas adotadas devem guardar proporcionalidade com as ameaças sofridas pelas instituições. Elas não devem ser mais duras do que o necessário para que se volte à normalidade.

Além desses três princípios mencionados pela doutrina, deve haver também **previsibilidade**. Ou seja, o cidadão precisa ser informado sobre as restrições que estão sendo impostas. Ele precisa ser capaz de planejar a própria vida durante esse período e ter perfeita consciência das limitações que as medidas de exceção adotaram para a superação da crise, principalmente para que ele possa se opor a qualquer abuso cometido pelas autoridades. Ainda que as duas medidas aqui estudadas (estado de defesa e estado de sítio) criem um ambiente institucional de exceção, este não suprime o estado de direito. Silva (2019, p. 775) fala em "legalidade extraordinária" que, nem por isso, deixa de limitar as ações dos órgãos estatais.

Cientes dos riscos que essas medidas excepcionais podem gerar como um caminho para a implantação de uma ditadura, diferentes constituições dispunham que não se poderia emendar a Constituição durante a vigência do estado de sítio. A Constituição de 1988 vai um pouco além: "A Constituição não poderá ser emendada na vigência de intervenção federal, de estado de defesa ou de estado de sítio" (Brasil. 1988, art. 60, parágrafo 1º).

Durante a longa intervenção federal no Rio de Janeiro, em 2018, o Presidente Temer cogitou suspender essa medida caso houvesse a possibilidade de ocorrer uma Reforma da Previdência, para a qual seria necessária a aprovação de uma Emenda Constitucional (Pimentel, 2018).

Antes de se passar ao estudo do estado de defesa e do estado de sítio, é preciso fazer uma advertência, inspirada na doutrina de Almeida Filho. Se essas medidas excepcionais não forem suficientes para colocar um fim à crise institucional, então é muito possível que o Estado de direito e a ordem constitucional tenham deixado de existir como fontes de legitimação e de convivência social. Essa situação extrema provavelmente remeterá a comunidade política de volta a um plano constituinte originário que, dada a ruptura com a ordem constituinte anterior, abrirá as portas para uma nova ordem constitucional (Almeida Filho, 2009).

Foi o que ocorreu em 1930, quando o estado de sítio instaurado pelo Presidente Washington Luís (Decreto n. 19.350) não logrou deter o avanço das forças rebeldes comandadas por Getúlio Vargas. Era o fim da "República Velha".

— 4.1.1 —
Estado de defesa

O estado de defesa é considerado um remédio brando (Moraes, 2012) para a superação de crise institucional localizada em área restrita e determinada. Embora não existisse nas Constituições brasileiras anteriores, ele guarda semelhanças, pelos pressupostos de fundo, com as "medidas coercitivas" (ou medidas de emergência) do art. 155 da Emenda Constitucional n. 11 de 1978 (Brasil, 1978).

As condições do **estado de defesa** estão descritas no art. 136 da Constituição Federal de 1988:

> Art. 136. O Presidente da República pode, ouvidos o Conselho da República e o Conselho de Defesa Nacional, decretar estado de defesa para preservar ou prontamente restabelecer, em locais restritos e determinados, a ordem pública ou a paz social ameaçadas por grave e iminente instabilidade institucional ou atingidas por calamidades de grandes proporções na natureza. (Brasil, 1988)

Como percebemos, os pressupostos de fundo estão repletos de conceitos jurídicos indeterminados: *ordem pública, paz* social e *instabilidade institucional*. Assim, caberá ao presidente da República, com o auxílio dos referidos conselhos, tentar reduzir o grau de subjetividade desses termos, e mesmo a noção de *calamidade de grandes proporções*. Conforme Silva (2019, p. 779), "o juízo de conveniência da decretação do estado de defesa cabe ao Presidente da República", mas ele se submeterá a "controles político e jurisdicional", como você verá.

Figura 4.1 – Estado de defesa (art. 136, Brasil, 1988)

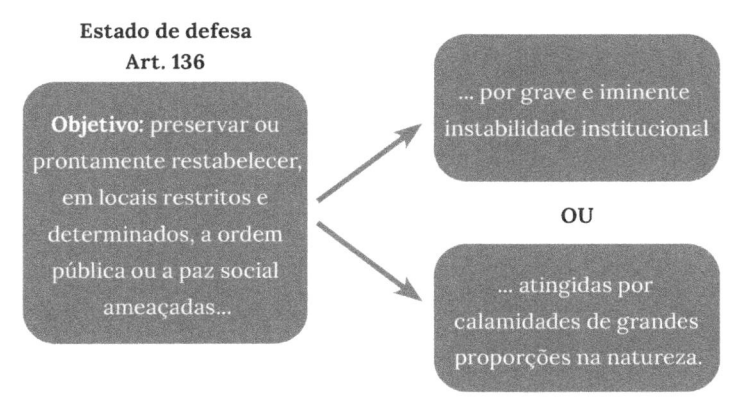

Estado de defesa
Art. 136

Objetivo: preservar ou prontamente restabelecer, em locais restritos e determinados, a ordem pública ou a paz social ameaçadas...

... por grave e iminente instabilidade institucional

OU

... atingidas por calamidades de grandes proporções na natureza.

Quanto ao princípio da necessidade e da proporcionalidade, há de se dizer que, por maior que seja a calamidade pública, a instauração do estado de defesa somente se justificará se aquela fosse seguida, por exemplo, por distúrbios civis que ameaçassem a ordem pública e a paz social.

Para refletir

Veja, sobre o aspecto aqui trabalhado, o exemplo da pandemia de Covid-19, que, por si só, não justificava a instauração do estado de defesa. Por outro lado, alguns municípios, como Maringá, no Estado do Paraná, implantaram sistemas de restrição à liberdade de locomoção e à livre iniciativa (Município de Maringá, Decreto n. 637/2020) sem os mesmos ônus impostos ao presidente da República para a instauração do estado de defesa. Para tanto, se valeram da Lei n. 13.979, de 6 fevereiro de 2020 (Lei de Combate à Pandemia) (Brasil, 2020f) e da decisão do Supremo Tribunal Federal na Ação Direta de Inconstitucionalidade (ADI) n. 6.341 (Brasil, 2020b), que reconheceu o direito de estados e municípios poderem tomar medidas mais restritivas do que a União caso estas estejam pautadas em base científica e em recomendações da Organização Mundial da Saúde (OMS) (Macedo; Godoy, 2020).

Pressupostos formais para o estado de defesa

a. decretação pelo presidente da República, após oitiva do Conselho da República e do Conselho de Defesa Nacional;
b. especificação, no decreto, do tempo de sua duração, das áreas a serem abrangidas e as medidas coercitivas a vigorarem.

O presidente não precisa acatar o parecer dos conselhos caso ele decida adotar o estado de defesa. Mas, na opinião de Silva (2019, p. 779), "se o Congresso rejeitar a medida, poderá surgir hipótese de crime de responsabilidade pelo Presidente da República".

Os Conselhos envolvidos

O estado de sítio, o estado de defesa e a intervenção federal dependem da oitiva prévia do Conselho da República e do Conselho de Defesa Nacional. São órgãos superiores de consulta do Presidente da República, previstos nos artigos 89, 90 e 91 da CRFB.

O Conselho da República é composto pelo vice-presidente da República; pelo presidente da Câmara dos Deputados; pelo presidente do Senado Federal; pelos líderes da maioria e da minoria na Câmara dos Deputados; pelos líderes da maioria e da minoria no Senado Federal; pelo ministro da Justiça; por seis cidadãos brasileiros natos, com mais de 35 anos de idade, sendo dois nomeados pelo presidente da República, dois eleitos pelo Senado Federal e dois eleitos pela Câmara dos Deputados, todos com mandato de três anos, vedada a recondução (Brasil, 1988, art. 89).

O Conselho de Defesa Nacional é composto pelo vice-presidente da República, pelo presidente da Câmara dos Deputados, pelo presidente do Senado Federal, pelo ministro da Justiça, pelo ministro de Estado da Defesa, pelo ministro das Relações Exteriores, pelo ministro do Planejamento e pelos comandantes da Marinha, do Exército e da Aeronáutica (Brasil, 1988, art. 91).

O prazo máximo de vigência do estado de defesa é de 30 dias, podendo ser prorrogado por um prazo de até 30 dias, "se persistirem as razões que justificaram a sua decretação" (Brasil, 1988, art. 136, parágrafo 2º).

Para enfrentar a situação excepcional que justificou a medida, existem poucas medidas coercitivas (Brasil, 1988, art. 136, parágrafo 1º, grifo nosso), a saber:

> I – **restrições aos direitos de**:
> a) reunião, ainda que exercida no seio das associações;
> b) sigilo de correspondência;
> c) sigilo de comunicação telegráfica e telefônica;
> II – **na hipótese de calamidade pública**: ocupação e uso temporário de bens e serviços públicos, [...]respondendo a União pelos danos e custos decorrentes.

Há de se discutir se as medidas do inciso I, previstas pelos constituintes de 1988, ainda seriam eficazes nos dias de hoje, uma vez que, com o advento da internet e dos modernos meios de comunicação via celular, não há mais necessidade de as pessoas se comunicarem pessoalmente ou por telefone, ou telégrafo, ou mediante cartas. Caberia interpretação analógica para ampliar as medidas previstas em 1988 para as realidades tecnológicas de hoje? Ainda assim, seria difícil, do ponto de vista técnico, obter medidas concretas capazes de alcançar os objetivos que deviam estar na mente dos autores da Constituição? As revoluções ocorridas durante a chamada *Primavera Árabe* são eloquentes quanto à dificuldade de os Estados contemporâneos – mesmo os totalitários – em controlar movimentos populares fomentados e conduzidos pelos modernos meios de comunicação que hoje estão ao alcance de toda a população.

Ainda no que tange ao procedimento, após a decretação do estado de defesa ou a sua prorrogação, o ato terá sua justificação submetida, no prazo de 24 horas, ao Congresso Nacional. Caso seja rejeitado, os efeitos do decreto cessam imediatamente (Brasil, 1988, art. 136, parágrafos 4º e 7º). Essa é a primeira fase do **controle político** do estado de defesa.

A segunda fase ocorre durante a vigência do estado exceção. Dispõe o art. 140: "A Mesa do Congresso Nacional, ouvidos os líderes partidários, designará Comissão composta de cinco de seus membros para acompanhar e fiscalizar a execução das medidas referentes ao estado de defesa e ao estado de sítio" (Brasil, 1988).

Há ainda um controle político ao final da medida extraordinária, quando "as medidas aplicadas em sua vigência serão relatadas pelo Presidente da República, em mensagem ao Congresso Nacional, com especificação e justificação das providências adotadas, com relação nominal dos atingidos e indicação das restrições aplicadas" (Brasil, 1988, art. 141, parágrafo 1º). Caso o Congresso entenda haver indícios de arbítrio ou de ações que extrapolam a razoabilidade, poderá ser caracterizada a ocorrência de um crime de responsabilidade por parte do presidente (art. 4º da Lei n. 1.079, de 10 de abril de 1950) ensejando, eventualmente, seu *impeachment*.

Ademais, há o **controle jurisdicional**, tanto durante quanto após o estado de defesa. O Judiciário deverá acompanhar as prisões realizadas durante esse período, relacionadas a "crime contra o Estado". Elas gozam de regras específicas (Brasil, 1988, art. 136, parágrafo 3º). Ademais, os agentes públicos ou outros executores das medidas respondem "pelos ilícitos cometidos" (Brasil, 1988, art. 141, *caput*).

As regras dos artigos 140 e 141 da CRFB também se aplicam ao estado de sítio, que será estudado em seguida.

— 4.1.2 —
Estado de sítio

O estado de sítio, ao contrário do estado de defesa, faz parte da tradição constitucional da nossa República. Alguns dos seus pressupostos, e mesmo algumas das suas medidas, remontam à Constituição de 1891. Ali ele já aparece como um remédio excepcional contra "agressão estrangeira, ou comoção intestina" (Brasil, 1891, art. 80).

A primeira declaração de estado de sítio veio logo em seguida, em 1892. Foi quando o Presidente Floriano Peixoto se sentiu ameaçado por manifestações populares que, segundo o decreto que instaurou a medida extrema, visavam "depor o Chefe do Governo Federal" mediante cooptação de parte das Forças Armadas e com a ajuda de membros do Congresso Nacional, produzindo "grave comoção intestina" (Decreto n. 791/1892).

O estado de sítio é, sem dúvida, um instrumento mais severo de defesa do Estado e das instituições democráticas. Por isso, ao longo de nossa história republicana, foi ganhando novos mecanismos de controle para evitar o seu uso inadequado ou injustificado. Também se aprimoraram os mecanismos de punição de excessos cometidos por agentes do Estado ao longo de sua vigência.

Por isso, a decretação desse estado depende não apenas da oitiva do Conselho da República e do Conselho de Defesa Nacional, mas também de autorização prévia do Congresso Nacional (Brasil, 1988, art. 137, *caput*), que deverá aprová-lo por maioria absoluta.

Figura 4.2 – Estado de sítio (art. 137, Brasil, 1988)

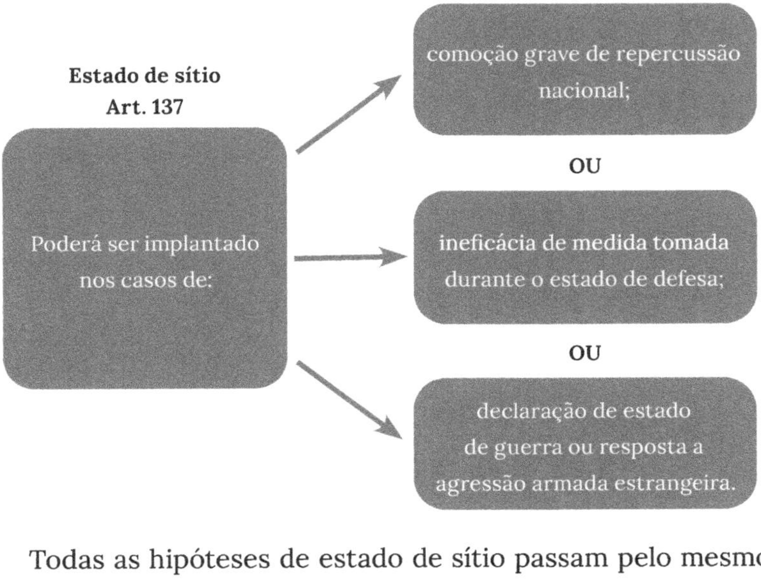

```
Estado de sítio          comoção grave de repercussão
Art. 137                 nacional;

                         OU

Poderá ser implantado    ineficácia de medida tomada
nos casos de:            durante o estado de defesa;

                         OU

                         declaração de estado
                         de guerra ou resposta a
                         agressão armada estrangeira.
```

Todas as hipóteses de estado de sítio passam pelo mesmo procedimento, a partir da iniciativa do presidente da República. O controle político prévio e a fiscalização política posterior também (Moraes, 2012, p. 840-841). O âmbito de aplicação pode ser regional ou nacional.

Há diferença no tratamento constitucional quanto ao prazo de duração e à restrição de direitos e garantias individuais. Afinal, existem duas hipóteses distintas para a decretação do estado de sítio. A hipótese do art. 137, inciso II, é tratada com maior seriedade, como se depreende do Quadro 4.1 (comparativo):

Quadro 4.1 – Estado de sítio

"comoção grave de repercussão nacional ou ineficácia de medida tomada durante o estado de defesa." (art. 137, I, CRFB)	"declaração de estado de guerra ou resposta a agressão armada estrangeira." (art. 137, II, CRFB).
Prazo: até 30 dias, podendo ser prorrogado mais de uma vez (art. 138, parágrafo 1º).	**Prazo:** o tempo necessário para repelir a guerra ou agressão estrangeira (art. 138, parágrafo 1º).
Restrições a direitos Art. 139 da CRFB: I – obrigação de permanência em localidade determinada; II – detenção em edifício não destinado a acusados ou condenados por crimes comuns; III – restrições relativas à inviolabilidade da correspondência, ao sigilo das comunicações, à prestação de informações e à liberdade de imprensa, radiodifusão e televisão, na forma da lei; IV – suspensão da liberdade de reunião; V – busca e apreensão em domicílio; VI – intervenção nas empresas de serviços públicos; VII – requisição de bens.	**Restrições** A CRFB não esclarece. Sendo assim, para Moraes (2012, p. 841), todas as garantias constitucionais podem sofrer restrições, desde que haja efetiva necessidade, tenham sido aprovadas pelo Congresso e estejam expressamente previstas pelo decreto presidencial.

Sobre os dois primeiros incisos do art. 139 da CRFB, há alguns pontos a serem detalhados. Como muitos dos atos cometidos durante esse período de "comoção intestina" são movidos por convicções políticas, que não gozam da mesma reprovação social que os crimes comuns, a restrição à liberdade de locomoção dá-se de forma mais branda. Evita-se tratar como criminoso aquele que, em momentos de normalidade, não sofreria sanção alguma ou que, no máximo, receberia uma repreensão penal leve. Assim, em lugar de detê-los em um estabelecimento prisional, essas pessoas terão sua locomoção restrita de uma das seguintes formas:

"I – obrigação de permanência em localidade determinada;
II – detenção em edifício não destinado a acusados ou condenados por crimes comuns;" (Brasil, 1988, art. 139).

Essas duas medidas são evoluções do art. 80, parágrafo 2º da Constituição de 1891, onde se previa:

"1º) a detenção em lugar não destinado aos réus de crimes comuns; 2º) o desterro para outros sítios do território nacional".

O desterro significa afastar alguém de sua terra natal e mandá-la para longe de sua residência. É a versão antiga da "obrigação de permanência em localidade determinada" da Constituição de 1988. O desterro, vale dizer, pode ter um contexto bastante desumano. Quando do estado de sítio implantado em 1892, o desterro foi usado pelo Presidente Floriano Peixoto para enviar seus opositores para lugares insalubres da Amazônia, as localidades de Tabatinga, Cucuí e São Joaquim, próximas à fronteira da Amazônia colombiana. Lá, esses opositores políticos passaram por privações terríveis, inerentes às condições precárias que a região oferecia naquela época. Daí por que a Constituição de 1946, embora tendo mantido a figura do desterro, determinava que este deveria ser cumprido em uma localidade "povoada e salubre" (Brasil, 1946a, art. 209, inc. III). A partir da Constituição de 1967, o instituto do desterro desaparece.

Observe-se, ainda, que quase todos os incisos do art. 139 da Constituição de 1988 remetem à supressão de direitos e garantias fundamentais expressos no art. 5º da CRFB.

Apesar da rigidez das medidas, aqui também se instaura uma "legalidade de exceção" (Silva, 2019, p. 781), e não uma situação de arbítrio. A medida não pode ser um ataque às instituições que o estado de sítio se propõe a preservar. O Congresso Nacional "permanecerá em funcionamento até o término das medidas coercitivas" (Brasil, 1988, art. 138, parágrafo 3º). Ademais, não pode haver proibição à "difusão de pronunciamentos de parlamentares efetuados em suas Casas Legislativas, desde que liberada pela respectiva Mesa" (Brasil, 1988, art. 139, parágrafo único).

Essa última garantia parlamentar (Brasil, 1988, art. 139, parágrafo único) parece ser específica para o estado de sítio do art. 137, I, dado que o art. 139 dele trata. Não estaria assegurada, portanto, para a hipótese de declaração de estado de guerra ou resposta a agressão armada estrangeira (Brasil, 1988, art. 137, II). Mas essa opinião não é seguida por Moraes (2012), que a estende para as duas hipóteses de estado de sítio.

Quanto ao **controle político** concomitante (art. 140) e posterior (art. 141, parágrafo 1º), assim como a possibilidade de controle jurisdicional pelas ações cometidas por agentes e executores (art. 141, *caput*), reitera-se o que já foi dito quanto ao estado de defesa (Brasil, 1988).

Cumpre referir que o art. 138 da CRFB menciona a designação, pelo presidente da República, de uma autoridade que será aquela responsável pela execução das medidas específicas. Dado o caráter do estado de sítio, é de esperar que seja um militar das Forças Armadas ou uma autoridade policial. Mas, em verdade, pode ser qualquer pessoa de confiança do presidente.

— 4.2 —
Intervenção federal nos estados e no Distrito Federal

Muito já se disse que, sendo o Brasil uma Federação, os estados gozam de autonomia efetiva, com auto-organização e normatização própria, autogoverno e autoadministração. Desse modo, como regra, não deve a União neles intervir. A partir de 1988, o Distrito Federal também passou a fazer parte da Federação, pelo que se lhe aplicam os mesmos princípios.

Contudo, existem situações excepcionais, apontadas de forma taxativa no art. 34 da CRFB, que abrem brechas a esta regra geral. São situações que permitirão a intervenção da União nesses entes federativos, quais sejam:

> I – manter a integridade nacional;
>
> II – repelir invasão estrangeira ou de uma unidade da Federação em outra;
>
> III – pôr termo a grave comprometimento da ordem pública;
>
> IV – garantir o livre exercício de qualquer dos Poderes nas unidades da Federação;
>
> V – reorganizar as finanças da unidade da Federação que:
>
> a) suspender o pagamento da dívida fundada por mais de dois anos consecutivos, salvo motivo de força maior;
>
> b) deixar de entregar aos Municípios receitas tributárias fixadas nesta Constituição, dentro dos prazos estabelecidos em lei;
>
> VI – prover a execução de lei federal, ordem ou decisão judicial;
>
> VII – assegurar a observância dos seguintes princípios constitucionais:
>
> a) forma republicana, sistema representativo e regime democrático;
>
> b) direitos da pessoa humana;
>
> c) autonomia municipal;

d) prestação de contas da administração pública, direta e indireta.

e) aplicação do mínimo exigido da receita resultante de impostos estaduais, compreendida a proveniente de transferências, na manutenção e desenvolvimento do ensino e nas ações e serviços públicos de saúde. (Brasil, 1988)

A intervenção, segundo definição de Moraes (2012, p. 333), "consiste em medida excepcional de supressão temporária da autonomia de determinado ente federativo, fundada em hipóteses taxativamente previstas no texto constitucional". De acordo com Branco (2011, p. 833), ela é "mecanismo drástico e excepcional, destinado a manter a integridade dos princípios basilares da Constituição, enumerados taxativamente no art. 34 da CF". Somente a União pode intervir nos estados e no Distrito Federal. Por outro lado, como veremos mais à frente, somente os estados podem intervir nos municípios.

As hipóteses, como vemos, são bastante diversas, autorizando classificações.

Os dois primeiros incisos do art. 34 envolvem a defesa da unidade nacional, sua soberania e a boa relação entre as entidades federativas (Brasil, 1988).

Em se tratando de "repelir invasão estrangeira", naturalmente a intervenção no estado poderá ser concomitante com a decretação do estado de sítio, estudado anteriormente.

Quanto a uma "invasão" de um estado da Federação por outro, ela não se daria apenas por uma ação armada. Em 1992, o STF, ao apreciar ação cautelar incidental (Brasil, 1992) avaliou a tentativa do Estado do Acre de promover plebiscitos para a criação de dois novos municípios em área que estava sob disputa com os Estados do Amazonas e de Rondônia (Brasil, 1992). Uma das áreas, inclusive – Vila Extrema –, pertence ao município de Porto Velho, capital de Rondônia. O Relator Min. Celso de Mello destacou que essa ação feria a

> harmonia que deve imperar nas relações político-institucionais entre as pessoas estatais integrantes do pacto federal". Tal plebiscito seria hábil a "justificar, até mesmo, a própria decretação de intervenção federal, para o efeito de preservar a intangibilidade do vínculo federativo e de manter incólumes a unidade do Estado Federal e a integridade territorial das unidades federadas. (Brasil, 1992, s.p.)

O art. 34, inciso III, da CRFB – "pôr termo a grave comprometimento da ordem pública" – versa hipótese que, dependendo da discricionariedade do presidente da República, poderia ensejar a decretação do estado de defesa (Brasil, 1988, art. 136), em lugar da intervenção da União no estado.

O art. 34, inciso IV – "garantir o livre exercício de qualquer dos Poderes nas unidades da Federação" – pode envolver "uma coação imprópria sobre algum dos poderes locais" (Mendes; Branco, 2011, p. 834). Por exemplo, se o governador do estado vier a fomentar partidários a perturbar o funcionamento do Poder Legislativo, organizando manifestações que, ainda que pacíficas, impedem o acesso dos parlamentares à Assembleia.

O inciso V (Brasil, 1988, art. 34) envolve a defesa das finanças públicas, manifestando-se pelo não cumprimento das obrigações descritas nas alíneas *a* e *b*. Sobre a temática, o conceito de *dívida fundada* é controvertido. A definição legal dele está no art. 98 da Lei n. 4.320, de 17 de março de 1964: "A dívida fundada compreende os compromissos de exigibilidade superior a doze meses, contraídos para atender a desequilíbrio orçamentário ou a financeiro de obras e serviços públicos" (Brasil, 1964).

O art. 34, inciso VI, que trata da intervenção voltada a "prover a execução de lei federal, ordem ou decisão judicial", há de ser compreendido no seu contexto. Uma hipótese é aquela em que há desrespeito a uma decisão judicial que o estado, ou o próprio Poder Judiciário, demonstra desinteresse em materializar. Assim, por exemplo, na Intervenção Federal n. 115/PR (Brasil, 2017b), o STJ deferiu a intervenção no Estado do Paraná porque este, ao longo de oito anos, não mobilizou força policial própria para realizar o cumprimento de uma decisão liminar de reintegração de posse. Na decisão, o STJ listou 22 outros pedidos de intervenções federais que envolviam o Estado do Paraná, também relacionados à ausência de apoio do Poder Executivo para o cumprimento das medidas judiciais de reintegração, o que enfraqueceu a credibilidade do Poder Judiciário na região.

Sobre a temática, entende Branco (2011, p. 839) que, se a situação de anormalidade vivida por um estado é causada pelo Tribunal de Justiça, se é ele que está impedindo o bom funcionamento de outro Poder, não há razão para uma intervenção federal, "já que o Poder Judiciário é nacional". Desse modo, bastará que se faça uso do "instrumento processual adequado para sustar a interferência indevida" (Branco, 2011, p. 839).

Por fim, a hipótese prevista no art. 34, inciso VII, relaciona-se aos princípios constitucionais sensíveis, que "visam assegurar uma unidade de princípios organizativos tida como indispensável para a identidade jurídica da Federação, não obstante a autonomia dos Estados-membros para se auto-organizarem" (Mendes; Branco, 2011, p. 835).

— 4.2.1 —
A iniciativa

Quanto à iniciativa para a intervenção, verifica-se:

1. **Nos casos dos incisos I, II, III e V, a iniciativa é do presidente da República**, que verificará a ocorrência dos motivos que recomendam a intervenção. Dependendo do caso, a discricionariedade do presidente poderá ser maior, como nas situações que envolvem o comprometimento da ordem pública (Brasil, 1988, art. 34, inc. III). Afinal, existem diferentes graus de irrupção da ordem. Segundo Branco (2011, p. 834), não é qualquer tumulto que justifica a medida excepcional da intervenção, "mas apenas as situações em que a desordem assuma feitio inusual e intenso". Em outros casos do art. 34, como "manter a integridade nacional" (inc. I), a não

decretação da intervenção poderá implicar em crime de responsabilidade do Presidente (Brasil, 1988, art. 85).
2. Por outro lado, **as intervenções fundadas nos incisos IV, VI e VII do art. 34 precisarão ser provocadas pelas instituições indicadas no art. 36**. Assim, por exemplo, havendo a necessidade de promover a execução de decisão judicial que, por algum motivo, não está sendo obedecida naquele estado (Brasil, 1988, art. 34, inc. VI), a intervenção dependerá "de requisição do Supremo Tribunal Federal, do Superior Tribunal de Justiça ou do Tribunal Superior Eleitoral" (Brasil, 1988, art. 36, II). Já no caso de obstáculos causados ao livre exercício de qualquer dos poderes e uma unidade da Federação (Brasil, 1988, art. 34, inc. IV), deverá haver "solicitação do Poder Legislativo ou do Poder Executivo coacto ou impedido, ou de requisição do Supremo Tribunal Federal, se a coação for exercida contra o Poder Judiciário" (Brasil, 1988, art. 36, inc. I).

Desse modo, Moraes (2012, p. 338) vê, nos casos dos incisos VI e VII, uma "fase judicial", dado que o procedimento se inicia por ações ajuizadas pelo Procurador-Geral da República endereçadas ao STF. Assim, para que possa ocorrer a intervenção, deverá o STF julgar procedente a ação proposta, "encaminhando-se ao Presidente da República, para os fins de decreto interventivo" (Moraes, 2012, p. 338).

Mas há de se atentar para os pressupostos formais que se seguem.

— 4.2.2 —
Pressupostos formais da intervenção

Não importando em que inciso do art. 34 se funda a decisão, todas as hipóteses de intervenção efetivam-se por decreto do presidente da República.

O decreto, de acordo com o art. 36, parágrafo 1º, da CRFB, especificará a amplitude, o prazo e as condições de execução e, se for o caso, nomeará um interventor. Moraes (2012) adverte que a Constituição Federal não descreve que providências podem ser tomadas no curso da intervenção. Contudo, estas devem se limitar aos critérios da necessidade e da proporcionalidade à lesão institucional que se pretende reparar.

A Constituição confere ao Conselho da República (art. 90, inc. I) e ao Conselho de Defesa Nacional (art. 91, parágrafo 1º, inc. II) competência para opinar quanto à conveniência da intervenção (Brasil, 1988). Porém, tais manifestações parecem ser despiciendas quando houver requisição do Supremo Tribunal Federal, do Superior Tribunal de Justiça ou do Tribunal Superior Eleitoral (Brasil, 1988, art. 36, incisos I, II e III). Afinal, nesses casos, a intervenção não é uma opção dada ao presidente, mas um dever, "uma vez que se cuida aí de medida de defesa da Constituição, mormente nas hipóteses de requisição dos Tribunais" (Silva, 2019, p. 491). Moraes (2012, p. 338) afirma que, para os casos dos incisos VI e VII do art. 34 da CRFB, o decreto do presidente será "mera formalização de uma decisão tomada por um órgão judiciário". Porém, se a solicitação é do Poder Legislativo ou Executivo local (estadual), conforme art. 36, I (primeira parte), Bulos (2018, p. 1.015) entende que "o Presidente da República é o árbitro da conveniência e oportunidade de decretar o ato interventivo".

O decreto de intervenção será submetido à apreciação do Congresso Nacional, no prazo de 24 horas (Brasil, 1988, art. 36, parágrafo 1º).

— 4.2.3 —
O interventor

Caso seja necessário, o presidente nomeará um interventor para executar as ações necessárias. O interventor, seja quem for, deverá ser reconhecido como servidor público federal, com funções descritas e limitadas pelo decreto interventivo (Moraes, 2012, p. 338). Entretanto, pratica atos típicos da administração estadual, dando-lhe continuidade, dos termos do decreto de intervenção, da Constituição do Estado e das leis (Silva, 2019, p. 493).

Silva (2019, p. 490) alerta que, quando a intervenção é no Poder Executivo estadual, a nomeação do interventor se faz necessária. Por outro lado, sendo apenas no Poder Legislativo, "tornar-se-á desnecessário o interventor, desde que o ato de intervenção atribua as funções legislativas ao Chefe do Executivo estadual".

O exame das duas intervenções federais ocorridas em 2018 revela-se útil para compreender este ponto. Naquele ano, tanto o Estado de Rondônia quanto o do Rio de Janeiro enfrentavam grave crise na segurança pública. A iniciativa, portanto, era do presidente da República, que deveria examinar a ocorrência da hipótese de "grave comprometimento da ordem pública" (Brasil, 1988, art. 34, inc. III).

A intervenção de Roraima, instituída no dia 10 de dezembro, foi motivada por greves na segurança pública. Como se depreende do Decreto n. 9.602, de 8 de dezembro de 2018, a intervenção abrangeu "todo o Poder Executivo do Estado de Roraima" (art. 1º, parágrafo único). Assim, a governadora do estado foi afastada, e o seu mandato foi terminado pelo futuro governador, recém-eleito. Este último, enquanto foi o interventor, assumiu as mesmas atribuições de um governador de estado (Brasil, 2018a, art. 3º) podendo, inclusive, escolher os secretários de governo, o comandante da Polícia Militar etc.

No caso do Rio de Janeiro, o presidente da República contou com o apoio do governador do estado e o decreto limitou-se a promover a intervenção na "área de segurança pública" (Decreto n. 9.288/2018, art. 1º, parágrafo 1º). Assim, foi nomeado um interventor, mas sem suspensão das funções do governador do estado. O decreto esclarece que a função do interventor "é de natureza militar" (art. 2º, parágrafo único), necessária "às ações de segurança pública" (art. 3º, *caput*) e subordinada ao presidente da República (Brasil, 2018a).

Para alcançar os seus objetivos, o interventor recebeu alguns poderes especiais, a saber (art. 3º e seus parágrafos):

- requisitar, se necessário, os recursos financeiros, tecnológicos, estruturais e humanos do Estado do Rio de Janeiro

afetos ao objeto e necessários à consecução do objetivo da intervenção;
- requisitar a quaisquer órgãos, civis e militares, da administração pública federal, os meios necessários para consecução do objetivo da intervenção;
- exercer o controle operacional de todos os órgãos estaduais de segurança pública previstos no art. 144 da Constituição e no Título V da Constituição do Estado do Rio de Janeiro.

No que tange aos danos que possam ser causados a terceiros pelas medidas adotadas pelo interventor, aplica-se o art. 37, § 6º da Constituição: "As pessoas jurídicas de direito público e as de direito privado prestadoras de serviços públicos responderão pelos danos que seus agentes, nessa qualidade, causarem a terceiros, assegurado o direito de regresso contra o responsável nos casos de dolo ou culpa". Nesse caso, a depender do tipo de ato praticado pelo interventor, a responsabilidade poderá ser da União ou do Estado (Silva, 2019, p. 493).

Ainda no campo das responsabilidades, no caso da intervenção em Rondônia, o Decreto n. 9.602/2018 resguardava o interventor, ao determinar que não se lhe aplicava "sanção por não pagamento ou não repasse de recursos pelo Poder Executivo do Estado de Roraima oriunda de decisão ou fato anterior à intervenção" (Brasil, 2018a, art. 3º, parágrafo 3º). Em outras palavras, o Presidente preocupou-se em afastar do interventor a responsabilidade por danos cuja origem se situava em fatos pretéritos.

— 4.2.4 —
Controle político

Como já vimos, o decreto de intervenção deve ser apreciado e aprovado pelo Congresso Nacional (Brasil, 1988, arts. 36, parágrafo 1º, e 49, inc. IV). Contudo, nos casos do art. 34, VI e VII, poderá ser dispensada a apreciação pelo Congresso Nacional caso o decreto do presidente, ao suspender a execução do ato impugnado, seja medida suficiente para o restabelecimento da normalidade (Brasil, 1988, art. 36, parágrafo 3º).

Nas hipóteses de prévia apreciação pelo Congresso Nacional, a não aceitação dos termos do decreto implicará suspensão da intervenção. No entender de Silva (2019, p. 492), essa decisão torna a intervenção inconstitucional, uma vez que, caso seus atos continuem a se produzir, violarão os poderes constitucionais de um membro da Federação, "caracterizando crime de responsabilidade do Presidente da república".

— 4.3 —
Intervenção do estado no município

De acordo com Bulos (2018, p. 1.022): "A intervenção estadual nos Municípios é um ato excepcionalíssimo, político e temporário, que afasta a autonomia do Município, para restabelecer a normalidade constitucional". Afinal, "a regra é a autonomia do município e a exceção a intervenção em sua autonomia política" (Moraes, 2012, p. 339).

As hipóteses a ensejar a intervenção são aqui também taxativas, como se depreende da leitura do art. 35 da CRFB:

> O Estado não intervirá em seus Municípios, nem a União nos Municípios localizados em Território Federal, exceto quando:
>
> I – deixar de ser paga, sem motivo de força maior, por dois anos consecutivos, a dívida fundada;
>
> II – não forem prestadas contas devidas, na forma da lei;
>
> III – não tiver sido aplicado o mínimo exigido da receita municipal na manutenção e desenvolvimento do ensino e nas ações e serviços públicos de saúde;
>
> IV – o Tribunal de Justiça der provimento a representação para assegurar a observância de princípios indicados na Constituição Estadual, ou para prover a execução de lei, de ordem ou de decisão judicial. (Brasil, 1988)

Não podem as Constituições estaduais criar hipóteses de intervenção não previstas no citado art. 35 da Constituição Federal. Essa questão, inclusive, goza de entendimento pacificado no STF. A propósito, a Ação Direta de Inconstitucionalidade (ADI) n. 336/SE (Brasil, 2010c), dentre outras.

Diferentes doutrinadores, como Alexandre de Moraes (2012, p. 339), José Afonso da Silva (2019, p. 494) e Uadi Lammêgo Bulos (2018, p. 1.022) concordam com a existência de grande semelhança entre intervenção federal nos estados e a presente hipótese de intervenção do estado nos municípios. Guardando as devidas proporções, não há muita novidade a se dizer sobre o controle político e jurisdicional, assim como o papel e as responsabilidades do interventor. Mas, por uma ter origem na União e a outra no estado, algumas adaptações devem ser feitas. Assim, por exemplo, no caso do art. 35, inciso IV (Brasil, 1988), é fácil imaginar que a representação será examinada pelo Tribunal de Justiça e a peça inicial será da alçada do Procurador-Geral da Justiça (Silva, 2019).

Ainda assim, para que não pairem dúvidas, é possível resumir essa espécie de intervenção do seguinte modo:

a. Dá-se por decreto do governador do estado em que se situa o município, que será submetido à apreciação da Assembleia Legislativa no prazo de 24 horas. O decreto conterá, ainda, o prazo de duração e os limites da medida.

b. Caso haja necessidade de designação de um interventor – que substituirá o prefeito, durante a intervenção – isso deve constar no decreto.

c. Há ainda a hipótese de intervenção em municípios situados em territórios da Federação. Nesse caso, apenas teórico, visto não existir no momento qualquer território, o decreto será do presidente da República.

d. De acordo com a Súmula n. 637 do STF: "Não cabe recurso extraordinário contra acórdão de Tribunal de Justiça que defere pedido de intervenção estadual em Município" (Brasil, 2003a).

Exemplo de intervenção do estado em município

As intervenções, na prática, podem ocorrer por razões relativamente banais no contexto da realidade brasileira, mas que, nem por isso, podem ser ignoradas. Esse foi o caso da ação de Intervenção Estadual n. 9035568-80.2007.8.26.0000, julgada procedente pelo Tribunal de Justiça do Estado de São Paulo – TJ/SP (São Paulo, 2008). A requerente buscou decreto de intervenção estadual em um município daquele estado em razão do não pagamento de precatório decorrente de decisão transitada em julgado em ação voltada à sua reintegração como servidora pública, dado ter sido injustamente demitida. O município defendeu-se argumentando que incluiu o crédito dela, via precatório, no orçamento municipal de 2004. Entretanto, "em razão da situação caótica encontrada nas finanças, optou por atender inúmeros outros compromissos inadiáveis". Entendeu o TJ/SP que o argumento do município, além de não ter sido comprovado, não justifica o descumprimento do mandamento constitucional que fixou prazo para o pagamento de precatórios. Disso resulta que, passados alguns anos sem o cumprimento da ordem de pagamento, justificado está o pedido de intervenção no município.

— 4.4 —
Conflitos entre entes da Federação

É muito comum e recomendável que as repúblicas federativas contem com um tribunal superior que resolva os conflitos que venham a ocorrer entre os estados e entre estes e a União (Branco, 2011, p. 856). No Brasil, essa função é atribuída ao Supremo Tribunal Federal, de acordo com o art. 102, inciso I, alínea *f* da CRFB, *verbis*:

> Art. 102. Compete ao Supremo Tribunal Federal, precipuamente, a guarda da Constituição, cabendo-lhe:
>
> I – processar e julgar, **originariamente**:
>
> [...]
>
> f) as causas e os conflitos entre a União e os Estados, a União e o Distrito Federal, ou entre uns e outros, inclusive as respectivas entidades da administração indireta; (grifo nosso)

Ao longo dos anos, o STF foi moldando, pelos seus julgados, uma estreita e restritiva interpretação de sua própria competência. Ao julgar a Ação Cível Originária (ACO) n. 597, o Tribunal decidiu que:

> O art. 102, I, "f", da Constituição confere, ao Supremo Tribunal Federal, a posição eminente de Tribunal da Federação, atribuindo-lhe, nessa condição de órgão de cúpula do Poder Judiciário, competência para dirimir as controvérsias que

irrompam no seio do Estado Federal, opondo as unidades federadas umas às outras, e de que resultem litígios cuja potencialidade ofensiva revele-se apta a vulnerar os valores que informam o princípio fundamental que rege, em nosso ordenamento jurídico, o pacto da Federação. (Brasil, 2018b)

Contudo, ao ser confrontado por um litígio de natureza patrimonial (Brasil, 1993b), envolvendo uma sociedade de economia mista paulista e o Estado do Maranhão, o STF não vislumbrou um conflito federativo digno da sua competência:

> A jurisprudência do Supremo Tribunal Federal, na definição do alcance dessa regra de competência originaria da Corte, tem enfatizado o seu caráter de absoluta excepcionalidade, restringindo a sua incidência as hipóteses de litígios cuja potencialidade ofensiva revele-se apta a vulnerar os valores que informam o princípio fundamental que rege, em nosso ordenamento jurídico, o pacto da Federação. Ausente qualquer situação que introduza a instabilidade no equilíbrio federativo ou que ocasione a ruptura da harmonia que deve prevalecer nas relações entre as entidades integrantes do Estado Federal, deixa de incidir, ante a inocorrência dos seus pressupostos de atuação, a norma de competência prevista no art. 102, I, f, da Constituição. (Brasil, 1993b)

Não é tarefa fácil traçar com segurança os casos concretos que serão recepcionados pelo STF no que tange ao dispositivo ora em estudo. Podemos dizer que, se o conflito envolver a União, o estado-membro e o Distrito Federal, "a competência originária para dirimi-lo será invariavelmente do Supremo Tribunal" (Branco, 2011, p. 857). Fora desse quadro, há várias restrições para que haja competência originária em causas que envolvam, em um dos polos da ação, autarquia e sociedade de economia mista contra ente federativo (Súmula n. 517 do STF) (Brasil, 1969). Em muitos casos, o critério adotado pelo STF será a ocorrência de hipótese com potencial para gerar instabilidade no equilíbrio federativo ou provocar desarmonia entre os integrantes da Federação.

Capítulo 5

*Forças Armadas
e segurança pública*

Em 2018, após um processo eleitoral bastante polarizado, deu-se a eleição, para a presidência da República, de um ex-capitão do Exército brasileiro. Já durante a campanha e, em seguida, com a formação do ministério, ressurgiu um intenso debate sobre o papel das Forças Armadas na vida constitucional brasileira. Para contribuir com essa discussão, que tem consequências práticas para a nossa sociedade, é preciso estudar como e por que o papel das Forças Armadas se transformou, do ponto de vista constitucional, até os dias de hoje. Somente assim podemos compreender as sutilezas por trás das palavras que, no art. 142 da Constituição Federal de 1988, qualificam a sua natureza e o seu papel.

Em seguida, ainda neste capítulo, analisaremos a estrutura constitucional da segurança pública brasileira, apresentando seu grande caráter de especialização e as adaptações que foram necessárias nos últimos anos, já que é preciso um novo modelo dadas a expansão do crime organizado e a incapacidade dos estados de enfrentarem sozinhos uma criminalidade que não respeita os limites das nossas fronteiras políticas internas ou internacionais.

— 5.1 —
As Forças Armadas: histórico, definição e papel na federação atual

Antes mesmo de termos nossa primeira Constituição, já tínhamos uma Marinha de Guerra e um esboço de Exército. Isso pode ser dito porque, a partir de setembro de 1822 até outubro do ano seguinte, foi preciso criar uma Força Armada capaz de expulsar as tropas portuguesas da Bahia, do Piauí, do Maranhão e do Pará. Para tanto, pôde-se contar com milhares de voluntários, **algumas forças regulares** – como o Batalhão do Imperador – e um punhado de mercenários ingleses, bávaros, irlandeses, norte-americanos, entre outros. Em suma, o país já nasceu consciente de que precisava estar pronto para defender a própria existência e soberania. Ademais, temiam-se movimentos de secessão, além de outras ameaças de instabilidade interna. A Constituição do Império de 1824 reflete essa origem conturbada do Brasil recém-independente.

O art. 145 da nossa primeira Constituição (Brasil, 1824, grifo nosso) assim dispunha: "**Todos os Brazileiros** são obrigados a pegar em armas, para sustentar a Independência, e integridade do Império, e **defende-lo dos seus inimigos externos, ou internos**".

A preocupação com um "inimigo interno" vem, portanto, desde o berço e continua a gerar discussões até hoje. A referência a "todos os Brazileiros", por sua vez, pressupunha que todos os civis poderiam, em algum momento, ser chamados a pegar em armas para a defesa da pátria. Esse princípio levaria, um século depois, à criação do serviço militar obrigatório, sob a inspiração de Olavo Bilac.

Em seguida, o art. 147 da Carta de 1824 tratava não apenas da disciplina, mas também da preocupação em evitar que a tropa fosse usada como instrumento de movimentos de desestabilização política. Dispõe o referido artigo: "A Força Militar é essencialmente obediente; jamais se poderá reunir, sem que lhe seja ordenado pela Autoridade legitima" (Brasil, 1824).

Ocorre, entretanto, que os militares nunca se apartaram totalmente da política, até porque a política, em muitos casos, chamou-os para dentro da arena dos grandes debates da sociedade.

Um dos exemplos é bem conhecido. Embora os republicanos atuassem livremente durante o período monárquico – o Partido Republicano Paulista elegeu dois deputados em 1887 (Ramos, 2009) – a República nasceu apenas pelas mãos do Exército brasileiro. O Marechal Deodoro da Fonseca, além de proclamar o novo regime, foi também o primeiro presidente. E a consolidação da República se deu durante o governo de outro militar, o Marechal Floriano Peixoto, que derrotou a Revolução Federalista e uma rebelião da esquadra brasileira (1893). Em muitas ocasiões – quase todas, na verdade – os militares estiveram, ao mesmo tempo, dos dois lados da disputa política. Assim, podemos citar os eventos político-militares ocorridos em 1893, 1922, 1924, 1930, 1932, 1945, 1954, 1955, 1961 e 1964.

O "contragolpe preventivo" e o estado de sítio de 1955

Após o suicídio do Presidente Getúlio Vargas, o Brasil enfrentou uma sucessão de crises institucionais. Em um espaço de 18 meses, o país foi presidido pelo Vice-Presidente Café Filho, pelo Presidente da Câmara dos Deputados Carlos Luz e pelo Presidente do Senado Nereu Ramos. Na eleição presidencial de outubro de 1955, o mineiro Juscelino Kubitschek saiu vitorioso. Contudo, seus opositores, instigados pelo jornalista Carlos Lacerda (Frota, 2000), começaram a tecer conspirações para que ele não tomasse posse. Os motivos envolvem as correntes políticas da época e não interessam ao presente estudo. O fato é que o ministro da Guerra, General Henrique Teixeira Lott, convenceu-se de que o deputado Carlos Luz, que ocupava interinamente a Presidência da República, pretendia impedir a posse do novo presidente eleito. Lott, que era um legalista, executou na madrugada do dia 11 de novembro aquilo que chamou de um "contragolpe preventivo". Com as tropas que lhe eram fiéis, ocupou os principais pontos da capital e obrigou Carlos Luz a fugir do Rio de Janeiro a bordo de um navio da marinha brasileira (Frota, 2000). No mesmo dia 11, o Congresso

Nacional votou o *impeachment* de Carlos Luz, que foi substituído pelo presidente do Senado.

Em seguida, os ministros militares pediram que fosse instaurado o estado de sítio, "sob a alegação de que a ordem pública se encontrava ameaçada e eram necessárias 'medidas não compatíveis com a plenitude das garantias individuais vigentes'" (Lamarão, 2009. s.p.). A Constituição de 1946 previa o estado de sítio nas seguintes hipóteses (art. 137):

> "I – comoção intestina grave ou fatos que evidenciem estar a mesma a irromper;
>
> II – guerra externa". (Brasil, 1946a)

O estado de sítio foi aprovado pelo Congresso Nacional, tendo sido sancionada, pelo Presidente em exercício, a Lei n. 2.654/1955. Disso resultou a suspensão de vários direitos e garantias fundamentais, tais como a inviolabilidade do sigilo de correspondência e a inviolabilidade de domicílio. A mencionada lei previa, igualmente, a possibilidade de prisão fora do flagrante delito, além de impor limitações ao *habeas corpus* e à liberdade de pensamento. Findo o prazo de 30 dias previsto na referida norma, o estado de sítio foi prorrogado por duas vezes, somente tendo fim após a posse de Juscelino Kubitschek.

Segundo Lamarão (2009, s.p.), o ministro da Guerra afirmou, à época, que as forças armadas estavam "unidas e coesas, isentas de partidarismos e atentas em seus deveres, impedindo que a nação caminhe para a anarquia ou para a ditadura".

As diferentes constituições brasileiras buscaram medir palavras para descrever o papel das Forças Armadas, sempre atribuindo-lhes uma missão na ordem interna, mas buscando deslegitimar ações em desacordo com a legalidade. Assim, dispunha a Constituição de 1946:

> Art. 176 – As forças armadas, constituídas essencialmente pelo Exército, Marinha e Aeronáutica, são instituições nacionais permanentes, organizadas com base na hierarquia e na disciplina, sob a autoridade suprema do Presidente da República e dentro dos limites da lei.
>
> Art. 177 – Destinam-se as forças armadas a defender a Pátria e a garantir os poderes constitucionais, a lei e a ordem. (Brasil, 1946a)

A Constituição de 1967 dava às Forças Armadas um papel praticamente idêntico ao da Constituição de 1946, vista anteriormente. Contudo, dois anos mais tarde, as Forças Armadas atribuíram a si mesmas uma nova missão de estatura constitucional. Isso se deu no período de maior endurecimento do Regime Militar, marcado pelo Ato Institucional n. 5 de 1968.

Por meio da Emenda Constitucional n. 1, de 17 de outubro de 1969 – que praticamente criou outra Constituição – as Forças Armadas passaram a ser responsáveis pela "execução da política de segurança nacional" (Brasil, 1967, art. 91). A expressão *segurança nacional* não era inédita, mas ganhava então um novo significado. Referia-se à Doutrina de Segurança Nacional que, no contexto das instabilidades políticas fomentadas pela Guerra Fria entre Estados Unidos e União Soviética, levaram as lideranças militares a reprimir movimentos de oposição considerados subversivos.

Já em 1966, o Ato Institucional n. 2 havia modificado um dispositivo da Constituição de 1946 para submeter à Justiça Militar os "civis, nos casos expressos em lei para repressão de crimes contra a segurança nacional ou as instituições militares" (Brasil, 1946a, art. 108, parágrafo 1º).

A Doutrina de Segurança Nacional, portanto, tinha relação com aquilo que se denominava *segurança interna* contra grupos políticos de oposição que buscassem tomar o poder. Buscava manter uma política de "estabilidade política e de disciplina social [...] indispensáveis para proporcionar aos governantes e classes dirigentes as condições de trabalho e de tranquilidade necessárias", tal como afirmou o General Muricy (1971, p. 5), então chefe do Estado Maior do Exército, após citar o art. 91 da Emenda Constitucional n. 1/1969.

Com o fim do Regime Militar e o reconhecimento de que o controle do Estado brasileiro estava novamente submetido a um regime de eleições diretas, disputadas por diferentes correntes políticas, esse dispositivo confirmou seu anacronismo e foi superado pela Carta de 1988.

De fato, tais precedentes históricos tiveram influência sobre os constituintes de 1988. Vemos que, na Constituição de 1946, as Forças Armadas estavam em um título próprio e que englobava o Conselho de Segurança Nacional. A atual Constituição inseriu os artigos relacionados às Forças Armadas no título relativo à defesa do Estado e das instituições democráticas. Para José Afonso da Silva (2019), isso indicou um aumento da responsabilidade das instituições militares com o regime instituído pela Constituição de 1988, o que tornou mais grave qualquer desvio das Forças.

As Forças Armadas são o objeto central dos artigos 142 e 143 da CRFB. O art. 142 da CRFB de 1988 assim dispõe:

> As Forças Armadas, constituídas pela Marinha, pelo Exército e pela Aeronáutica, são instituições nacionais permanentes e regulares, organizadas com base na hierarquia e na disciplina, sob a autoridade suprema do Presidente da República, e destinam-se à defesa da Pátria, à garantia dos poderes constitucionais e, por iniciativa de qualquer destes, da lei e da ordem. (Brasil, 1988)

Examinemos agora os diferentes aspectos desse dispositivo. Para tanto, cada um dos subitens a seguir (5.1.1 a 5.1.6) corresponde a um trecho do art. 142 da CRFB.

— 5.1.1 —
As Forças Armadas, constituídas pela Marinha, pelo Exército e pela Aeronáutica

Historicamente, as Forças Armadas são divididas em três ramos especializados, entre os quais a Força Aérea é o mais recente. Até a Emenda Constitucional n. 23, de 2 de setembro de 1999, a cada uma dessas forças correspondia um ministério específico (Brasil, 1988). Desde então, criou-se o Ministério da Defesa, quase sempre ocupado por um civil e responsável pelo comando das três forças. Estas, entretanto, continuam gozando de uma autonomia relativa (Silva, 2019). Vale dizer que os comandantes das três forças apresentam prerrogativas semelhantes à de Ministro de Estado, tal como se afere do exame do art. 52 da CRFB: "Art. 52. Compete privativamente ao Senado Federal: I - processar e julgar o Presidente e o Vice-Presidente da República nos crimes de responsabilidade, bem como os Ministros de Estado e os Comandantes da Marinha, do Exército e da Aeronáutica nos crimes da mesma natureza conexos com aqueles; [...]".

Os comandantes da Marinha, do Exército e da Aeronáutica, assim como o Ministro da Defesa, também estão entre os componentes do Conselho de Defesa Nacional que, entre outros assuntos, aconselham o presidente da República nos assuntos relacionados com a soberania nacional e a defesa do Estado democrático (Brasil, 1988, art. 91).

O ministro da Defesa, assim como todos os oficiais das Forças Armadas, precisa ser brasileiro nato, de acordo com o art. 12, parágrafo 3º, da CRFB.

— 5.1.2 —
São instituições nacionais permanentes e regulares

Esses atributos, segundo o Ministro Luiz Fux, "qualificam as Forças Armadas como órgãos de Estado, e não de governo, indiferentes às disputas que normalmente se desenvolvem no processo político" (Brasil, 2020d).

O caráter nacional deve ser ressaltado, dado que aos estados da Federação é proibido o desenvolvimento de contingentes que tenham caráter de Forças Armadas (Pedra; Pedra, 2009), como já ocorreu no passado (vide tópico "Competência de legislação privativa da União", no Capítulo 2, sobre a Força Pública de São Paulo).

No passado, até o século XVI, quase todos os Estados europeus mantinham milícias ou pequenos efetivos em tempo de paz e, em caso de guerra, recorriam a tropas mercenárias, formadas por estrangeiros. Os mercenários, a quem o Brasil teve de recorrer durante a Guerra de Independência, não eram forças confiáveis. Não combatiam por amor ao país a quem serviam e eram indisciplinados. São incontáveis os casos em que tropas mercenárias se voltaram contra o Estado que deveriam defender. Assim, senhor de um território imenso e de extensas fronteiras, o Brasil logo teve a necessidade de constituir uma força permanente e nacional para os tempos de paz e de guerra.

Para garantir uma eficiente capacidade de mobilização, em caso de demorado conflito, a Constituição de 1988 manteve o serviço militar obrigatório, nos termos da lei (Brasil, 1988, art. 143).

É um dever cívico e ético, instrumento de afirmação da unidade e da soberania nacional. Entretanto, em cumprimento ao art. 143, parágrafo 1º, serviços alternativos foram regulamentados pela Lei n. 8.239, de 4 de outubro de 1991 (Brasil, 1991) para aqueles que "em tempo de paz, após alistados, alegarem imperativo de consciência, entendendo-se como tal o decorrente de crença religiosa e de convicção filosófica ou política" (Brasil, 1988).

Mulheres e eclesiásticos ficam isentos do serviço militar obrigatório (art. 143, parágrafo 2º), contudo, de acordo com a Lei n. 8.239/1991, que regulamenta esse dispositivo, estão sujeitos, "de acordo com suas aptidões, a encargos do interesse da mobilização" (art. 5º), em caso de guerra.

As Forças Armadas não podem ser dissolvidas, salvo com o advento de uma nova Assembleia Nacional Constituinte (Silva, 2019). De igual, não podem ser desmobilizadas nem reduzidas a uma condição que não lhes permita cumprir sua missão constitucional.

— 5.1.3 —
São organizadas com base na hierarquia e na disciplina

Hierarquia e disciplina são princípios correlatos e também intrínsecos a qualquer força militar regular. Assim, não basta a existência de Forças Armadas se estas não estiverem sob a autoridade de alguém – *in casu*, o presidente da República – e organizadas, a partir daí, de forma hierarquicamente escalonada. Disciplina é o poder que os superiores hierárquicos têm sobre os seus subordinados, impondo condutas e dando ordens (Silva, 2019). Nas palavras de Fagundes (1947, p. 8):

> Onde há hierarquia, como superposição de vontades, há, correlatamente, uma relação de sujeição objetiva, que se traduz na disciplina, isto é, no rigoroso acatamento pelos elementos dos graus inferiores da pirâmide hierárquica, às ordens, normativas ou individuais, emanadas dos órgãos superiores. A disciplina é, assim, um corolário de tôda organização hierárquica.

Fagundes (1947, p. 8-9) também destaca que o trato com as infrações disciplinares, na área militar, distingue-se da disciplina relativa aos serviços civis em três aspectos, a saber:

> a) mais rigorosa capitulação das faltas, de sorte que qualquer omissão dos deveres funcionais possa autorizar punição;
>
> b) maior simplicidade no processo de cominação das sanções, quase sempre aplicáveis de plano;
>
> c) maior autonomia dos órgãos de repressão, escapando as sanções, as mais das vêzes, ao exame de órgãos revisores, mormente jurisdicionais.

Para que a autoridade superior não seja colocada em dúvida pelos seus subordinados, a vida militar impõe alguns ônus. Assim, por exemplo, "não caberá *habeas corpus* em relação a punições disciplinares militares" (Brasil, 1988, art. 142, parágrafo 2º).

A referência à hierarquia e à disciplina na Constituição Federal tem mais de uma razão de ser. Por um lado, não permite olvidar que a força como um todo está subordinada e deve obediência ao poder civil, representado pelo presidente da República e, nas hipóteses previstas pela Constituição, aos demais Poderes. Por outro lado, não permite que o poder civil desvirtue, subverta, a hierarquia que as patentes inferiores devem às patentes superiores.

— 5.1.4 —
Estão sob a autoridade suprema do presidente da República

Como instituição militar, as Forças Armadas devem estar subordinadas a um comando unificado. Do ponto de vista da ciência militar, a unidade de comando é considerada um dos Princípios de Guerra (Ministério da Defesa, 2007, p. 37), voltados à eficiência. No Brasil, como em outros países presidencialistas, o comando das Forças Armadas cabe ao Presidente da República. A ele cabe, também, a iniciativa de leis para a fixação ou modificação dos efetivos das três forças (Brasil, 1988, art. 61, parágrafo 1º, inc. I). Contudo, a autoridade do presidente da República sobre as Forças Armadas "não se sobrepõe à força normativa do texto constitucional" e, evidentemente, "não se sobrepõe à separação e à harmonia entre os Poderes" (Brasil, 2020d).

Em vários aspectos, a autoridade suprema do presidente da República estará submetida – direta ou indiretamente – a mecanismos de controle previstos na Constituição. Assim, por exemplo, é competência exclusiva do Congresso Nacional autorizar o presidente a declarar a guerra ou celebrar a paz com outra nação (Brasil, 1988, art. 49, II).

— 5.1.5 —
Destinam-se à defesa da Pátria

Em primeiro lugar, em toda a sua história republicana, as Forças Armadas brasileiras jamais foram empregadas para intervir militarmente em outro país, como agente agressor. Destaque-se que sua importante participação durante a Segunda Guerra Mundial foi motivada por agressões injustamente sofridas pelo Brasil, materializadas pela morte de centenas de civis em navios torpedeados pelas forças do Eixo. Assim, as Forças Armadas brasileiras existem, em um primeiro momento, como uma força de dissuasão, ou seja, de desencorajamento contra eventuais agressores. Havendo, ainda assim, a agressão, atuam para repeli-la e, havendo necessidade, deixam o território nacional para perseguir o agressor. Desse modo, Fagundes (1947, p. 2), autor sempre citado sobre esse tema, aduzia que as Forças Armadas são, "[...] portanto, os garantes materiais da subsistência do Estado e da perfeita realização dos seus fins. [...] É em função de seu poderio que se afirmam, nos momentos críticos da vida internacional, o prestígio do Estado e a sua própria soberania".

Nos dias de hoje, o Brasil é um país emergente, com fronteiras bem demarcadas, sem pretensões expansionistas e sem ameaças armadas vindas de países vizinhos. Então, por que Forças Armadas? A já referida "dissuasão" é uma das explicações e está por trás do velho brocado latino, *si vis pacem, para bellum* (se queres a paz, prepare-se para a guerra). Não há como criar, do dia para noite, uma força militar capaz de defender eficazmente um país com dimensões continentais. Disso resulta, mais uma vez, a necessidade de uma instituição permanente e regular, com elementos profissionais e, também, com constante formação de reservas.

Para cumprir eficazmente o papel de defesa do Estado, o destino dos gastos militares e a preparação das Forças Armadas devem ser condizentes com as possíveis ameaças. Por exemplo, a defesa das reservas de petróleo do Pré-Sal, proteção da Amazônia, prevenção e combate ao terrorismo, segurança do espaço aéreo etc.

Nos exemplos dados, percebemos um papel preventivo das Forças Armadas na defesa da pátria – ações que precedem qualquer agressão ou desestabilização que possa vir do exterior. Nessa mesma linha, o Ministro Fux cita "a missão de controle do fluxo migratório na fronteira com a Venezuela" (STF, 2020d).

Da mesma forma, partindo do princípio de que, no contexto geopolítico atual, as maiores ameaças para o país vêm de grandes potências localizadas fora da América Latina, a preparação militar do país precisou se adaptar para a doutrina da chamada *guerra assimétrica*. De acordo com a doutrina militar de defesa do Ministério da Defesa (2007, p. 25), a guerra assimétrica é:

> Conflito armado que contrapõe dois poderes militares que guardam entre si marcantes diferenças de capacidades e possibilidades. Trata-se de enfrentamento entre um determinado partido e outro com esmagadora superioridade de poder militar sobre o primeiro. Neste caso, normalmente o partido mais fraco adota majoritariamente técnicas, táticas e procedimentos típicos da guerra irregular.

Há também, no mundo todo, a conjugação da concepção de defesa nacional, com as chamadas *causas nobres*, que envolvem as intervenções humanitárias em outros países, com o emprego das nossas Forças Armadas "em operações de manutenção, construção e/ou imposição da paz" (Côrtes, 2002, p. 11). O Brasil tem uma grande tradição nesse campo, sendo o caso do Haiti o mais conhecido atualmente.

Admitem-se, ainda, hipóteses de atuação subsidiária das Forças Armadas que seriam condizentes com o texto constitucional. Elas se encontram na Lei Complementar n. 97, de 9 de junho de 1999. Podemos citar ações preventivas e repressivas, ao longo das faixas de fronteiras terrestres, no mar e nas águas interiores, em combate a delitos transfronteiriços e ambientais (Brasil, 1999, art. 16-A).

Mas o papel das Forças Armadas vai além desses aspectos, como observaremos no tópico seguinte.

— 5.1.6 —
Devem garantir os poderes constitucionais e, por iniciativa de qualquer destes, a lei e a ordem

Fazendo uma análise sistemática do título, concluímos que as Forças Armadas, em seu papel de "garantia dos poderes constitucionais" (Brasil, 1988, art. 142), deve proteger e garantir a harmonia e independência entre eles (Brasil, 1988, art. 2º), dada a posição destes como dignos representantes das aspirações populares (Brasil, 1988, art. 1º, parágrafo único) (Bulos, 2018, p. 1.475).

E é por iniciativa dos poderes constituídos que deverão agir, excepcionalmente, em defesa "da lei e da ordem" (Brasil, 1988, art. 143). Diz-se *excepcionalmente* porque essa atribuição é primariamente atribuição das instituições voltadas à segurança pública, tais como as polícias militar e civil dos Estados e a polícia federal (Silva, 2019). Ressalte-se, ainda, que a iniciativa deve ser dos Poderes, e não de seus membros. Assim, como bem lembra Bulos (2018, p. 1.476), "apenas o Presidente da República, o presidente da Mesa do Congresso Nacional ou o presidente do Supremo Tribunal Federal podem convocar, quando necessário, as Forças Armadas". Juízes, ministros e deputados não são poderes constitucionais (Silva, 2019).

Quando exercem esse papel de segurança interna, a Constituição concede às Forças Armadas "o papel de guardiãs da estabilidade, postas a serviço do direito e da paz social" (Pedra; Pedra, 2009, p. 1.706).

O uso das Forças Armadas para a garantia da lei e da ordem havia se tornado fato relativamente comum na última década, principalmente por conta de paralizações das polícias civil e militar dos estados, em razão de baixos salários ou salários atrasados. Como exemplo, temos o uso de 1,2 mil militares do Exército para atuar na segurança pública de Rondônia, em 2011 (Portal G1, 2011). Essa foi uma das razões para a criação da "Força Nacional de Segurança Pública", um contingente que é formado por policiais militares e civis, além de bombeiros e peritos de diferentes estados, e que, sob a coordenação do Ministério da Justiça, tem sido deslocado para diferentes regiões do país, para auxiliar as forças de segurança locais em momentos de crise.

— 5.1.7 —
Da "intervenção militar constitucional"

A partir de 2012, a imprensa notou a presença de manifestantes pleiteando uma imediata intervenção militar na política brasileira, inicialmente voltada para o combate à corrupção (Sorano, 2015). Nos anos seguintes, o fenômeno continuou e chegou a se falar em "intervenção militar constitucional".

Como vimos, neste e no capítulo anterior, permite-se o emprego das Forças Armadas em situações específicas, como o estado de sítio, o estado de defesa e a intervenção federal, mas apenas após se cumprir uma série de requisitos previstos na Constituição. Pergunta-se, então: "Seria possível uma intervenção militar 'constitucional', de ofício, para o fechamento do Supremo Tribunal Federal ou do Congresso Nacional?". Não se conhece qualquer jurista de renome que responda afirmativamente a essa pergunta.

Entretanto, o jurista Ives Gandra Martins, em dois artigos publicados em 2020, formulou uma interpretação sobre a parte final do art. 142 da CRFB, que gerou grande controvérsia. Preocupava-se com aquilo que ele considerava "a insegurança jurídica enorme que o Poder Judiciário traz sempre que foge à sua competência técnica para ingressar na política" (Martins, 2020b, s.p.). Destacou o autor, portanto, o seguinte trecho do referido art. 142: "As Forças Armadas [...] destinam-se, [...] à garantia dos poderes constitucionais e, por iniciativa de qualquer destes, da lei e da ordem" (Brasil, 1988).

Na opinião de Martins (2020a, s.p.): "cabe às Forças Armadas moderar os conflitos entre os Poderes", mas não por iniciativa própria. Para esse autor, "se um Poder sentir-se atropelado por outro, poderá solicitar às Forças Armadas que ajam como Poder Moderador[1] para repor, **naquele ponto, a lei e a ordem**, se esta, realmente, tiver sido ferida pelo Poder em conflito com o postulante" (Martins, 2020a, s. p., caixa alta no original). Ressalta, porém, que "o dispositivo jamais albergaria qualquer

---

1   Vê-se que o jurista Ives Gandra Martins faz referência às Forças Armadas como um possível Poder Moderador. A Constituição do Império do Brasil (1824) reconhecia a existência de um 4º Poder, o Moderador. Entre as suas funções deste estava a de velar por "manutenção da Independencia, equilibrio, e harmonia dos mais Poderes Politicos" (Brasil, 1824, art. 98).

possibilidade de intervenção política, golpe de Estado, assunção do Poder pelas Forças Armadas" (Martins, 2020a, s.p.).

Essa posição, dado o vivo debate que gerou à época, levou a Ordem dos Advogados do Brasil e a Câmara dos Deputados a encomendarem pareceres jurídicos sobre a questão. Do primeiro deles (Scaletsky; Coêlho; Binenbojm, 2020), extraímos alguns dos argumentos mais contundentes, a saber:

- a Constituição de 1988, [...] estabeleceu um modelo institucional de subordinação do poder militar ao poder civil;
  [...]
- as Forças Armadas estão integradas e vinculadas ao comando do seu chefe supremo, o presidente da República, que, por sua vez, tem o dever de respeito às leis e à própria Constituição. Essa cadeia de comando não abre nenhum espaço para se alçar as Forças Armadas de cumpridoras da lei à condição de intérpretes e fiadoras da própria legalidade;
  [...]
- os conflitos entre os poderes devem ser resolvidos pelos mecanismos de freios e contrapesos devidamente regulados pelo texto constitucional, ao estabelecer controles recíprocos entre os poderes. (Scaletsky; Coêlho; Binenbojm, 2020, p. 3; 5; 9).

O Ministro Luiz Fux, levado a examinar esse tema, na medida cautelar na ADI n. 6.457-DF (Brasil, 2020d), também refutou o papel de Poder Moderador que se tentou atribuir às Forças Armadas. Mas também se recusou a restringir o papel delas à defesa contra agressões externas e às situações de estado de sítio, estado de defesa e intervenção federal. Isso porque admitiu a existência de competências subsidiárias, que resultam das suas missões constitucionais, como já vimos no tópico 5.1.5.

Para tanto, o ministro citou uma dezena de decretos presidenciais em que as Forças Armadas foram convocadas para a garantia da lei e da ordem, incluindo a segurança durante os Jogos Olímpicos, das eleições de 2016, do sistema penitenciário brasileiro em 2017 e de terras indígenas em 2020 (Brasil, 2020d).

Contudo, ressaltou o Ministro Fux que:

> a chefia das Forças Armadas assegurada ao Presidente da República consiste em poder limitado, do qual se deve desde logo excluir qualquer interpretação que permita indevidas intromissões no regular e independente funcionamento dos outros Poderes e instituições, bem como qualquer tese de submissão desses outros Poderes ao Executivo. (Brasil, 2020d)

Essa interpretação parece ser a mais fiel ao texto da Constituição de 1988. Como observamos, embora historicamente seja de conhecimento geral que as Forças Armadas já interviram na vida política nacional – inclusive *ex officio* –, tal situação, ante a ordem constitucional vigente, não poderia se dar sem que representasse uma profunda ruptura institucional.

Por fim, é interessante referir que o art. 5º, inciso XLIV, da CRFB determina constituir "crime inafiançável e imprescritível a ação de grupos armados, civis ou militares, contra a ordem constitucional e o Estado Democrático" (Brasil, 1988). E esse dispositivo, como vemos, é um alerta suficientemente amplo para abranger qualquer matiz ideológico.

— 5.1.8 —
Forças armadas e carreira militar

O parágrafo 1º do art. 142 da CRFB determina que lei complementar "estabelecerá as normas gerais a serem adotadas na organização, no preparo e no emprego das Forças Armadas". Isso se deu pela Lei Complementar n. 97 (Brasil, 1999).

Quanto ao *status* da carreira militar, é interessante referir que os militares são agentes públicos que integram as Forças Armadas, em caráter permanente ou temporário (como ocorre com os reservistas), remunerados pelos cofres públicos e submetidos a um regime jurídico próprio e estatutário (Pedra; Pedra, 2009, p. 1.710).

Por disposição do art. 142, parágrafo 3º, inciso VIII, da CRFB, os militares gozam de alguns direitos atribuídos aos trabalhadores urbanos, apontados no art. 7º, incisos VIII, XII, XVII, XVIII, XIX e XXV. Assim, por exemplo, 13º salário e licença-paternidade. E também se submetem a algumas restrições típicas dos servidores públicos civis.

De acordo com o Estatuto dos Militares (Lei n. 6.880, de 9 de dezembro de 1980), o ingresso nas Forças Armadas dá-se, normalmente, pela incorporação (recrutamento) ou pela matrícula em instituição de ensino militar, como é o caso da Academia Militar das Agulhas Negras (Aman) (Brasil, 1980).

Aos militares são negados alguns direitos:

- "Não caberá *habeas corpus* em relação a punições disciplinares militares" (Brasil, 1988, art. 142, parágrafo 2º);
- "ao militar são proibidas a sindicalização e a greve" (Brasil, 1988, art. 142, parágrafo 3º, inc. IV);
- "o militar, enquanto em serviço ativo, não pode estar filiado a partidos políticos" (Brasil, 1988, art. 142, parágrafo 3º, inc. V).

Em relação ao não cabimento de *habeas corpus*, essa regra aplica-se não apenas ao militar da ativa, mas também ao da reserva (Pedra; Pedra, 2009), uma vez que este não deixa de ser militar – tanto que pode ser reconvocado para o serviço ativo. O mesmo não ocorre com o militar reformado (definitivamente "aposentado", fazendo uma analogia com o vocabulário civil). De acordo com a Súmula n. 56 do STF, "não está sujeito a pena disciplinar", dado que dispensado definitivamente da prestação de serviço na ativa (Brasil, 1963).

— 5.2 —
Segurança pública

A segurança pública costuma ser, durante as eleições estaduais e federais, um dos temas mais debatidos entre os candidatos e que mais interesse despertam entre os eleitores. Em uma pesquisa na qual os entrevistados podiam apontar mais de uma opção, 47% consideraram que o crime e a violência "são os piores problemas" dos brasileiros (Abep, 2019).

Para muitos ideólogos do liberalismo econômico, a segurança pública seria uma das poucas atribuições a justificar a existência do Estado, ao lado de proteção contra ameaças externas, garantia da propriedade privada, liberdade dos indivíduos e respeito aos contratos (Souza, 2018). Para outras correntes políticas, no entanto, a segurança pública é, em grande parte, um instrumento de dominação das classes dominantes sobre as classes dominadas. A Constituição brasileira, entretanto, não deixa muitos espaços para tal interpretação, uma vez que ela inseriu o tema no Título V, que trata da Defesa do Estado e das Instituições Democráticas.

De acordo com a CRFB (art. 144): "A segurança pública, dever do Estado, direito e responsabilidade de todos, é exercida para a preservação da ordem pública e da incolumidade das pessoas e do patrimônio [...]" (Brasil, 1988).

Vemos que, ao incluir a segurança pública como um direito de todos, a Constituição a inclui no rol dos direitos fundamentais, com possíveis ligações com o *caput* do art. 5º da CRFB (Pedra; Pedra, 2009, p. 1.722) que refere à "inviolabilidade do direito à vida, à liberdade, à igualdade, à segurança e à propriedade".

A segurança pública também se apresenta como dever do Estado brasileiro. Daí a questão se seria norma programática, com eficácia limitada, ou se haveria algum tipo de responsabilização do Estado no caso em que alguma região viesse a apresentar índices anormais de criminalidade durante um longo período de tempo. Esse tipo de questão já chegou ao STF, em algumas ocasiões, sem que seja possível aferir um entendimento pacífico.

Segurança pública e a omissão do Estado

Interessante referir, à guisa de exemplo, a fundamentação esposada na Suspensão de Tutela Antecipada (STA) n. 223 AgR, em que o autor da ação buscava, junto ao estado de Pernambuco, reparações pelo fato de ter ficado inválido após ser vítima de um assalto. Destacava-se, na fundamentação do pedido, o dever constitucional do ente federativo em manter a segurança pública, principalmente ante o alto grau de periculosidade do local do evento (Brasil, 2008d).

A Min. Ellen Gracie, ao proferir voto contrário ao autor da ação, recordou julgados anteriores em que o STF decidira que "o fato de a segurança pública ser dever do Estado, não lhe impõe a responsabilidade objetiva por eventual dano decorrente de crime", uma vez que, "tratando-se de ato omissivo do poder público, a responsabilidade civil por tal ato é subjetiva, pelo que exige dolo ou culpa, numa de suas três vertentes, negligência, imperícia ou imprudência". Entretanto, o recurso acabou sendo julgado procedente, para que o estado disponibilizasse 150 mil dólares em favor de tratamento médico a ser realizado nos Estados Unidos. No que interessa à discussão em comento, extrai-se do voto vencedor o quanto segue:

> [...] esta Corte, não pode demitir-se do gravíssimo encargo de tornar efetivos os direitos econômicos, sociais e culturais que se identificam – enquanto direitos de segunda geração (ou de segunda dimensão) – com as liberdades positivas, reais ou concretas [...]
>
> Mais do que nunca, é preciso enfatizar que o dever estatal de atribuir efetividade aos direitos fundamentais, de índole social, qualifica-se como expressiva limitação à discricionariedade administrativa. [...]Isso significa que a intervenção jurisdicional, justificada pela ocorrência de arbitrária recusa governamental em conferir significação real ao direito à saúde, tornar-se-á plenamente legítima (sem qualquer ofensa, portanto, ao postulado da separação de poderes), sempre que se impuser, nesse processo de ponderação de interesses e de valores em conflito, a necessidade de fazer prevalecer a decisão política fundamental que o legislador constituinte adotou em tema de respeito e de proteção ao direito à saúde.[...]
>
> Quero observar, incidentemente, consideradas as peculiaridades pertinentes ao caso em exame, que as lesões causadas à vítima, parte ora agravante, guardam relação de causalidade com a alegada omissão do Estado de Pernambuco, que se revelou incapaz, supostamente, de proteger a vida e a integridade corporal de seus cidadãos, não obstante notórios os elevados índices de criminalidade violenta

> registrados no local em que [...] sofreu a brutal agressão perpetrada por delinquentes em atuação naquela área.
>
> Nesse caso, embora a tese da responsabilidade do estado tenha sido acolhida, percebemos, pelos debates entre os ministros, que o risco de vida do autor da ação, caso a medida não fosse deferida, foi o fundamento determinante.

A segurança pública, na visão de Bulos (2019, p. 1.480), envolve "a manutenção da ordem pública interna do Estado". No seu viés ativo, "é uma atividade de vigilância, prevenção e repressão a condutas delituosas" (Silva, 2019, p. 792).

Ao se falar em manutenção da ordem pública, há de se ter cuidado para que as forças de segurança não venham a tratar como desordem aspectos e manifestações da liberdade do indivíduo, como sentar-se no chão de uma praça ou carregar um cartaz com críticas ao governo. Para Silva (2019, p. 791-792), a ordem pública corresponde a um estado "de pacífica convivência social, isenta de ameaça de violência ou de sublevação que tenha produzido ou que supostamente possa produzir, a curto prazo, a prática de crimes".

Ao pensar nesse tema, a palavra *polícia* logo vem à mente. O termo ora é identificado como uma atividade, ora com a entidade responsável por evitar e reprimir a prática de crimes e as violações da ordem jurídica.

No que toca à segurança pública, devemos nos referir à polícia de segurança que, de acordo com a doutrina (Boulos, 2019, p. 1480; Silva, 2019, p. 792), divide-se em polícia ostensiva e polícia judiciária. Examine a Figura 5.1.

Figura 5.1 – A polícia de segurança

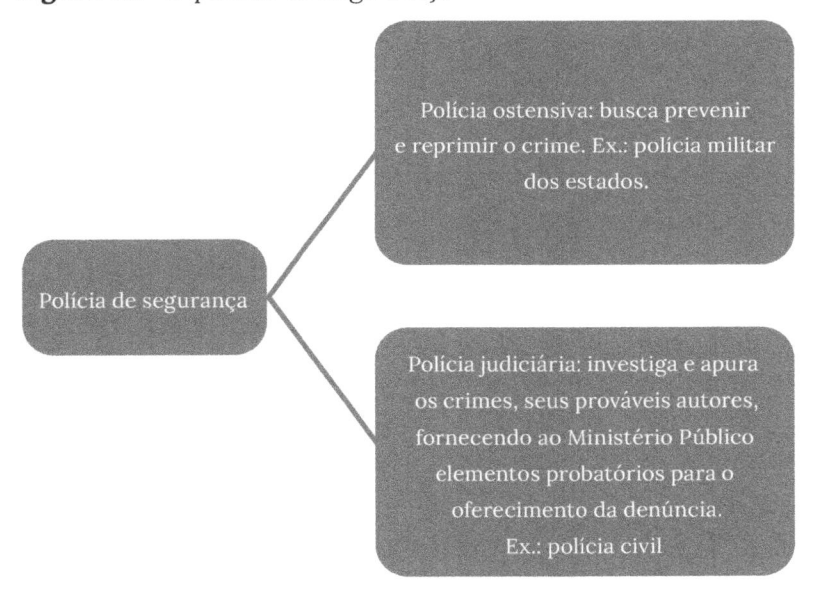

- Polícia de segurança
  - Polícia ostensiva: busca prevenir e reprimir o crime. Ex.: polícia militar dos estados.
  - Polícia judiciária: investiga e apura os crimes, seus prováveis autores, fornecendo ao Ministério Público elementos probatórios para o oferecimento da denúncia. Ex.: polícia civil

No Brasil, os órgãos policiais são variados, cada um dos quais é competente e especializado em uma área da segurança pública, nas esferas federal e estadual. A CRFB os nomeia (art. 144) e os divide entre a União Federal e os estados (Brasil, 1988).

É importante referir que compete à União "organizar e manter a polícia civil, a polícia penal, a polícia militar e o corpo de bombeiros militar do Distrito Federal" (Brasil, 1988, art. 21, XIV).

A segurança pública é exercida por meio dos seguintes órgãos (sobre os quais falaremos na sequência): polícia federal; polícia rodoviária federal; polícia ferroviária federal; polícias civis; polícias militares e corpos de bombeiros militares; polícias penais federal, estaduais e distrital (Brasil, 1988, art. 144):

— 5.2.1 —
Polícia federal

De acordo com o art. 144, parágrafo 1º da CRFB, a polícia federal, instituída por lei como órgão permanente, organizado e mantido pela União e estruturado em carreira, destina-se a:

> I – apurar infrações penais contra a ordem política e social ou em detrimento de bens, serviços e interesses da União ou de suas entidades autárquicas e empresas públicas, assim como outras infrações cuja prática tenha repercussão interestadual ou internacional e exija repressão uniforme, segundo se dispuser em lei;
>
> II – prevenir e reprimir o tráfico ilícito de entorpecentes e drogas afins, o contrabando e o descaminho, sem prejuízo da ação fazendária e de outros órgãos públicos nas respectivas áreas de competência;
>
> III – exercer as funções de polícia marítima, aeroportuária e de fronteiras;
>
> IV – exercer, com exclusividade, as funções de polícia judiciária da União.

Para cumprir sua missão, ela atua em todos os estados da Federação.

— 5.2.2 —
Polícia rodoviária federal

De acordo com o art. 144, parágrafo 2º, da CRFB, a polícia rodoviária federal é órgão permanente, "organizado e mantido pela União e estruturado em carreira, destina-se, na forma da lei, ao patrulhamento ostensivo das rodovias federais" (Brasil, 1988).

— 5.2.3 —
Polícia ferroviária federal

A polícia ferroviária federal é outro órgão permanente, com atribuição específica. "Organizado e mantido pela União e estruturado em carreira, destina-se, na forma da lei, ao patrulhamento ostensivo das ferrovias federais" (Brasil, 1988, art. 144, parágrafo, 3º).

— 5.2.4 —
Polícias civis

Às polícias civis, dirigidas por delegados de polícia de carreira, incumbem, ressalvada a competência da União, as funções de polícia judiciária e a apuração de infrações penais, exceto as militares (Brasil, 1988, art. 144, parágrafo 4º).

— 5.2.5 —
Polícias militares e corpos de bombeiros militares

Essas forças, organizadas segundo uma hierarquia e disciplinas militares (art. 42), são subordinadas aos governadores dos estados e do Distrito Federal. Às polícias militares cabem o patrulhamento ostensivo, a prevenção da criminalidade e a preservação da ordem pública (Brasil, 1988, art. 144, parágrafo 5º). Aos corpos de bombeiros militares, além das atribuições definidas em lei – como o controle de incêndios – cabe a execução de atividades de defesa civil (Brasil, 1988, art. 144, parágrafo 5º).

A esses militares se aplicam as regras cabíveis aos militares das Forças Armadas que estão nos parágrafos 2º e 3º do art. 142 da CRFB. Assim, por exemplo, eles não têm direito a *habeas corpus* em relação a punições disciplinares militares (Brasil, 1988, art. 142, parágrafo 2º), são-lhes vedadas a sindicalização e a greve (142, parágrafo 3º, IV), enquanto, em serviço ativo, não podem estar filiados a partidos políticos (142, parágrafo 3º, V).

Desde a década de 1990, o Congresso Nacional vem discutindo pedidos de emenda à Constituição para a unificação das polícias civil e militar e a desmilitarização da segurança pública. Em um dos projetos mais recentes, uma comissão especial da Câmara dos Deputados sugeriu a modificação do art. 144 da CRFB para a criação de polícias investigativas, polícias estaduais (destinada ao policiamento ostensivo e à preservação da ordem pública) e um novo corpo de bombeiros estadual, sendo todas estas forças desmilitarizadas (Câmara dos Deputados, 2018). No entanto, um dos grandes obstáculos seria a fusão das estruturas atuais, dadas as especificidades hierárquicas, salariais e previdenciárias.

— 5.2.6 —
Polícias penais federal, estadual e distrital

A Emenda Constitucional n. 109/2019 criou as polícias penais, a partir do corpo de agentes penitenciários e de outros servidores assemelhados (Senado Federal, 2019). De acordo com o parágrafo 5º-A do art. 144, "às polícias penais, vinculadas ao órgão administrador do sistema penal da unidade federativa a que pertencem, cabe a segurança dos estabelecimentos penais" (Brasil, 1988).

Os debates em torno da Proposta de Emenda Constitucional (PEC) que deu origem à referida emenda constitucional destacaram que ações criminosas também ocorrem dentro dos presídios. Ademais, muitos policiais civis e militares acabavam sendo desviados de suas funções para atuar em serviços de escolta, custódia e vigilância de presos. Daí a necessidade prática de inserir os antigos agentes penitenciários no rol da segurança pública, atribuindo a eles prerrogativas típicas da carreira policial (Senado Federal, 2019).

Duas observações importantes

As guardas municipais, previstas na CRFB (art. 144, parágrafo 8º) destinam-se, apenas, à proteção dos bens, serviços e instalações dos municípios. De acordo com a CRFB, não deveriam fazer o papel de polícia ostensiva (vide Silva, 2019, p. 796).

A **Força Nacional de Segurança Pública**, com ação destacada em vários estados do país em momentos de crise, ainda não tem envergadura constitucional, pelo que foge ao presente trabalho. Porém, aproveita-se o ensejo para referir algumas normas que apontam o seu papel e a sua organização: Decreto n. 5.289, de 29 de novembro de 2004 (Brasil, 2004a), Lei n. 11.437, de 10 de maio de 2007 (Brasil, 2007c), Portaria do Ministério da Justiça n. 394, de 4 de março de 2009 (Brasil, 2008b) e Decreto n. 7.318, de 28 de setembro de 2010 (Brasil, 2010a).

— 5.3 —
Segurança pública e Princípio da Subsidiariedade

Além de questões expressamente referidas no texto constitucional, pode-se avocar o Princípio da Subsidiariedade, estudado em capítulo anterior, para justificar uma maior ação da União Federal. Embora a regra, no referido princípio, seja evitar que o ente mais distante (União) atue nas áreas que podem ser mais bem tratadas pelo ente federal mais próximo ao problema (estado ou município), um raciocínio *a contrario sensu* não deve ser ignorado. Em outras palavras, há fundamento para ações da União quando o ente local, agindo isoladamente, não for claramente capaz de oferecer uma solução eficaz, dadas as dimensões do desafio enfrentado.

Podemos mencionar o recurso às Forças Armadas no combate ao tráfico de armas, inclusive com o emprego da Força Aérea para a interceptação e eventual abate de aviões que transportam armamento e munição para os grupos criminosos. De igual, mostrou-se necessária a construção de presídios federais para a detenção dos líderes das facções criminosas. Aqui também o papel de cooperação entre os entes da Federação se fez necessário ante a constatação de que os estados não eram capazes de evitar a atuação das facções criminosas dentro dos presídios estaduais. Pior do que isso, era fato notório que seus líderes, de dentro dos presídios, continuavam a comandar as ações dos grupos criminosos.

Considerações finais

O Brasil assumiu a forma de uma República Federativa em 1891 com base em um modelo estrangeiro. A fonte de inspiração – os Estados Unidos – tinha origem em outra realidade política, econômica, cultural e histórica. Assim, não era de se esperar que o federalismo brasileiro evoluísse da mesma forma que o norte-americano. Todo sistema jurídico importado acaba sendo transformado pela cultura e pelas instituições locais. Isso é natural e, normalmente, aconselhável.

No caso do Brasil, embora já se tenham passado mais de 130 anos da implantação da República e da Federação, percebemos que ainda não foi possível alcançar a exata medida de equilíbrio entre os entes federativos. Não que seja urgente, ou mesmo necessário, adotar-se uma nova Constituição. O que ocorre é que a história recente demonstra que ainda não aprendemos a usar a Constituição que temos.

O federalismo brasileiro, ao trazer os municípios para si, foi extremamente inovador. Afinal, parece ser conveniente dar à autoridade local autonomia para se auto-organizar e para gerir os assuntos da própria comunidade. Porém, isso ainda não se realizou, dado que a enorme maioria dos municípios, ou por falta de recursos, ou por má gestão destes, não consegue sequer garantir saneamento básico à própria população. Desse modo, politicamente, os municípios acabam tendo de se colocar sob a proteção do governador do estado, do presidente da República ou, mais comumente, de um grupo de parlamentares que possam defender seus interesses na Assembleia Legislativa ou no Congresso Nacional. Tudo isso, na prática, acaba por minar a autonomia dos poderes locais.

Os governos estaduais, embora gerem muitas expectativas ao tempo das eleições, precisam saber trabalhar, de forma colaborativa, tanto com a União quanto com os municípios. Os governadores têm um grande peso político, que frequentemente ultrapassa as fronteiras de seus estados.

Os mecanismos de defesa do Estado e das instituições democráticas não têm tido, sob a Constituição de 1988, o peso que tiveram no passado. Apesar das crises políticas, notamos que os agentes envolvidos têm evitado levar as tensões até o extremo.

Ainda assim, as Forças Armadas foram convocadas, em muitos casos, para a garantia da lei e da ordem.

De tudo isso, podemos observar que a Constituição de 1988 continua seguindo uma jornada respeitosa, com suas instituições em pleno funcionamento, sem intervenções militares e sem as rebeliões e insurreições que marcaram a nossa história republicana não tão distante. Há, assim, uma esperança de que a nossa Federação prossiga o processo de amadurecimento e se torne um mecanismo de apoio para um desenvolvimento econômico e social sustentável, que a atual geração ainda espera poder vislumbrar.

Lista de siglas

ACO	Ação Cível Originária
ADCT	Ato das Disposições Constitucionais Transitórias
ADI	Ação Direita de Inconstitucionalidade
AgR	Agravo Regimental
Aman	Academia Militar das Agulhas Negras
Art.	artigo
CF	Constituição Federal
CRFB	Constituição da República Federativa do Brasil
DF	Distrito Federal
Inc.	inciso
Mercosul	Mercado Comum do Sul

ONU	Organização das Nações Unidas
PEC	Proposta de Emenda Constitucional
STA	Suspensão de Tutela Antecipada
STF	Supremo Tribunal Federal
STJ	Superior Tribunal de Justiça

Referências

ABEP – Associação Brasileira de Empresas de Pesquisa. **Principais preocupações dos brasileiros.** 13 ago. 2019. Disponível em: <http://www.abep.org/blog/pesquisasabep/principais-preocupacoes-dos-brasileiros/> Acesso em: 29 set. 2020.

ALEMANHA. Constituição (1919). Verfassungen des Deutschen Reichs (1918-1933). Disponível em: <http://www.verfassungen.de/de19-33/verf19-i.htm>. Acesso em: 29 set. 2020.

ALMEIDA FILHO, A. Da defesa do Estado e das instituições democráticas. In: AGRA, W. de M.; BONAVIDES, P.; MIRANDA, J. **Comentários à Constituição Federal de 1988.** Rio de Janeiro: Forense, 2009. p. 1.675-1.698.

AMAZONAS. Lei n. 92, de 26 de outubro de 2010. Dispõe sobre a isenção de taxas recolhidas pelo ECAD para as associações, fundações ou instituições filantrópicas e para as oficialmente declaradas de Utilidade Pública Estadual. **Assembleia Legislativa do Estado do Amazonas**, 26 out. 2010. Disponível em: <https://sapl.al.am.leg.br/media/sapl/public/normajuridica/2010/9035/9035_texto_integral.pdf>. Acesso em: 29 set. 2020.

BALEEIRO, A. **Uma introdução à ciência das finanças**. Rio de Janeiro: Forense, 1978.

BARACHO, J. A. de O. A Federação e a revisão constitucional. As novas técnicas dos equilíbrios constitucionais e as relações financeiras. **Revista de Direito Administrativo**, Rio de Janeiro, v. 202, p. 49-60, out./dez. 1995.

BARACHO, J. A. de O. **O Princípio de Subsidiariedade**: conceito e evolução. Rio de Janeiro: Forense, 1996.

BARACHO, J. A. de O. **Teoria geral do federalismo**. Rio de Janeiro: Forense, 1986.

BARBOZA, E. M. de Q.; CONCEIÇÃO, L. H. M. da. O presidente anticonstitucional. **Cadernos Jurídicos**, Curitiba, OAB Paraná, n. 100, p. 54-57, maio 2020.

BEEMAN, R. **The Penguin Guide to the United States Constitution**. New York: Penguin Books, 2010.

BERMANN, G. Taking subsidiarity seriously: federalism in the European community and the United States. **Columbia Law Review**, n. 332, Nova York, 1994. Disponível em: <https://scholarship.law.columbia.edu/cgi/viewcontent.cgi?article=1006&context=faculty_scholarship>. Acesso em: 29 set. 2020.

BONAVIDES, P. **Curso de Direito Constitucional**. 26. ed. São Paulo: Malheiros, 2011.

BONAVIDES, P. **Curso de Direito Constitucional**. 29. ed. São Paulo: Malheiros, 2014.

BOURDIEU, P. **Sobre o Estado**. São Paulo: Companhia das Letras, 2014.

BRANCO, P. G. G. Organização do Estado: Estado Federal. In: MENDES, G. F.; BRANCO, P. G. G. **Curso de Direito Constitucional**. São Paulo: Saraiva, 2011. p. 827-857.

BRASIL. Ato Institucional n. 5, de 13 de dezembro de 1968. São mantidas a Constituição de 24 de janeiro de 1967 e as Constituições Estaduais; O Presidente da República poderá decretar a intervenção nos estados e municípios, sem as limitações previstas na Constituição, suspender os direitos políticos de quaisquer cidadãos pelo prazo de 10 anos e cassar mandatos eletivos federais, estaduais e municipais, e dá outras providências. **Diário Oficial da União**, 13 dez. 1968. Disponível em: <http://www.planalto.gov.br/ccivil_03/ait/ait-05-68.htm>. Acesso em: 29 set. 2020.

BRASIL. Câmara dos Deputados. Projeto de Decreto Legislativo (PDC) n. 1.571/2001. Dispõe sobre a realização de plebiscito para criação do Estado de São Paulo do Sul. Autor: Kincas Mattos – PSB/SP, 2001. Disponível em: <https://www.camara.leg.br/proposicoesWeb/fichadetramitacao?idProposicao=42370>. Acesso em: 29 set. 2020.

BRASIL. Constituição (1824). **Coleção de Leis do Império do Brasil**, página 7, vol. 1, 1824. Disponível em: <http://www.planalto.gov.br/ccivil_03/Constituicao/Constituicao24.htm>. Acesso em: 29 set. 2020.

BRASIL. Constituição (1891). **Diário Oficial [da] República dos Estados Unidos do Brasil**, Rio de Janeiro, 24 fev. 1891. Disponível em: <http://www.planalto.gov.br/ccivil_03/Constituicao/Constituicao91.htm>. Acesso em: 29 set. 2020.

BRASIL. Constituição (1934). **Diário Oficial [da] República dos Estados Unidos do Brasil**, Rio de Janeiro, 16 jul. 1934. Disponível em: <http://www.planalto.gov.br/ccivil_03/Constituicao/Constituicao34.htm>. Acesso em: 29 set. 2020.

BRASIL. Constituição (1937). **Diário Oficial [da] República dos Estados Unidos do Brasil**, Rio de Janeiro, 19 nov. 1937. Disponível em: http://www.planalto.gov.br/ccivil_03/constituicao/constituicao37.htm>. Acesso em: 29 set. 2020.

BRASIL. Constituição (1946). **Diário Oficial [da] República dos Estados Unidos do Brasil**, Rio de Janeiro, 18 set. 1946a. Disponível em: <http://www.planalto.gov.br/ccivil_03/constituicao/constituicao46.htm>. Acesso em: 29 set. 2020.

BRASIL. Constituição (1967). **Diário Oficial da União**, Brasília, DF, 24 jan. 1967. Disponível em: <http://www.planalto.gov.br/ccivil_03/Constituicao/Constituicao67.htm>. Acesso em: 29 set. 2020.

BRASIL. Constituição (1988). **Diário Oficial da União**, Brasília, DF, 5 out. 1988. Disponível em: <http://www.planalto.gov.br/ccivil_03/constituicao/constituicao.htm>. Acesso em: 29 set. 2020.

BRASIL. Decreto n. 1, de 15 de novembro de 1889. Proclama provisoriamente e decreta como forma de governo da Nação Brasileira a República Federativa, e estabelece as normas pelas quais se devem reger os Estados Federais. **CLBR**, 1889. Disponível em: <http://www.planalto.gov.br/ccivil_03/decreto/Historicos/DPL/DPL296-1843.htm>. Acesso em: 29 set. 2020.

BRASIL. Decreto n. 5.289, de 29 de novembro de 2004. Disciplina a organização e o funcionamento da administração pública federal, para desenvolvimento do programa de cooperação federativa denominado Força Nacional de Segurança Pública, e dá outras providências. **Diário Oficial da União**, 30 nov. 2004a. Disponível em: <http://www.planalto.gov.br/ccivil_03/_ato2004-2006/2004/decreto/d5289.htm#:~:text=Disciplina%20a%20organiza%C3%A7%C3%A3o%20e%20o,P%C3%BAblica%2C%20e%20d%C3%A1%20outras%20provid%C3%AAncias>. Acesso em: 29 set. 2020.

BRASIL. Decreto-Lei n. 5.812, de 13 de setembro de 1943. Cria os Territórios Federais do Amapá, do Rio Branco, do Guaporé, de Ponta Porã e do Iguassú. **CLBR**, de 31 dez. 1943. Disponível em: <http:// www.planalto.gov.br/ccivil_03/decreto-lei/1937-1946/Del5812.htm>. Acesso em: 29 set. 2020.

BRASIL. Decreto n. 7.318, de 28 de setembro de 2010. Altera e acresce dispositivo ao Decreto no 5.289, de 29 de novembro de 2004, para regulamentar a participação de servidores civis nas atividades desenvolvidas no âmbito da cooperação federativa prevista na Lei n. 11.473, de 10 de maio de 2007. **Diário Oficial da União**, 29 set. 2010a. Disponível em: <http://www.planalto.gov.br/ccivil_03/_ ato2007-2010/2010/decreto/D7318.htm>. Acesso em: 29 set. 2020.

BRASIL. Decreto n. 9.602, de 8 de dezembro de 2018. Decreta intervenção federal no Estado de Roraima com o objetivo de pôr termo a grave comprometimento da ordem pública. **Diário Oficial da União**, 10 dez. 2018a. Disponível em: <http://www.planalto.gov.br/ccivil_03/_ Ato2015-2018/2018/Decreto/D9602.htm#:~:text=DECRETA%3A& text=1%C2%BA%20%C3%89%20decretada%20interven%C3%A7% C3%A3o%20federal,grave%20comprometimento%20da%20ordem% 20p%C3%BAblica>. Acesso em: 29 set. 2020.

BRASIL. Decreto n. 19.398, de 11 de novembro de 1930. Institui o Governo Provisório da República dos Estados Unidos do Brasil, e dá outras providencias. **Diário Oficial da União**, 12 nov. 1930. Disponível em: <https://www2.camara.leg.br/legin/fed/decret/1930-1939/ decreto-19398-11-novembro-1930-517605-publicacaooriginal-1-pe. html>. Acesso em: 29 set. 2020.

BRASIL. Governo Federal. **Plano Mais Brasil**. Nov. 2019h. Disponível em: <https://www.gov.br/economia/pt-br/centrais-de-conteudo/ apresentacoes/2019/apresentacao_pacto_federativo_final_.pdf>. Acesso em: 29 set. 2020.

BRASIL. Lei Complementar n. 97, de 9 de junho de 1999. Dispõe sobre as normas gerais para a organização, o preparo e o emprego das Forças Armadas. **Diário Oficial da União**, Brasília, 10 jun. 1999. Disponível em: <http://www.planalto.gov.br/ccivil_03/leis/lcp/Lcp97compilado.htm>. Acesso em: 29 set. 2020.

BRASIL. Lei n. 1.079, de 10 de abril de 1950. Define os crimes de responsabilidade e regula o respectivo processo de julgamento. **Diário Oficial da União**, Brasília, 12 abr. 1950. Disponível em: <http://www.planalto.gov.br/ccivil_03/leis/l1079.htm>. Acesso em: 29 set. 2020.

BRASIL. Lei n. 4.320, de 17 de março de 1964. Estatui Normas Gerais de Direito Financeiro para elaboração e contrôle dos orçamentos e balanços da União, dos Estados, dos Municípios e do Distrito Federal. **Diário Oficial da União**, Brasília, 23 mar. 1964. Disponível em: <http://www.planalto.gov.br/ccivil_03/leis/l4320.htm>. Acesso em: 29 set. 2020.

BRASIL. Lei n. 6.880, de 9 de dezembro de 1980. Dispõe sobre o Estatuto dos Militares. **Diário Oficial da União**, Brasília, 11 dez. 1980. Disponível em: <http://www.planalto.gov.br/ccivil_03/LEIS/L6880.htm>. Acesso em: 29 set. 2020.

BRASIL. Lei n. 7.170, de 14 de dezembro de 1983. Define os crimes contra a segurança nacional, a ordem política e social, estabelece seu processo e julgamento e dá outras providências. **Diário Oficial da União**, Brasília, 15 dez. 1983. Disponível em: <http://www.planalto.gov.br/ccivil_03/leis/l7170.htm>. Acesso em: 29 set. 2020.

BRASIL. Lei n. 8.239, de 4 de outubro de 1991. Regulamenta o art. 143, §§ 1º e 2º da Constituição Federal, que dispõem sobre a prestação de Serviço Alternativo ao Serviço Militar Obrigatório. **Diário Oficial da União**, Brasília, 7 out. 1991. Disponível em: <http://www.planalto.gov.br/ccivil_03/LEIS/L8239.htm>. Acesso em: 29 set. 2020.

BRASIL. Lei n. 8.617, de 4 de janeiro 1993. Dispõe sobre o mar territorial, a zona contígua, a zona econômica exclusiva e a plataforma continental brasileiros, e dá outras providências. **Diário Oficial da União**, Brasília, 5 jan. 1993a. Disponível em: <http://www.planalto.gov.br/ccivil_03/LEIS/L8617.htm>. Acesso em: 29 set. 2020.

BRASIL. Lei n. 9.709, de 18 de novembro de 1998. **Diário Oficial da União**, Brasília, 19 nov. 1998. Disponível em: <http://www.planalto.gov.br/ccivil_03/leis/l9709.htm>. Acesso em: 29 set. 2020.

BRASIL. Lei n. 11.079, de 30 de dezembro de 2004. **Diário Oficial da União**, Brasília, 31 dez. 2004b. Disponível em: <http://www.planalto.gov.br/ccivil_03/_ato2004-2006/2004/lei/l11079.htm>. Acesso em: 29 set. 2020.

BRASIL. Lei n. 11.437, de 10 de maio de 2007. Dispõe sobre cooperação federativa no âmbito da segurança pública e revoga a Lei no 10.277, de 10 de setembro de 2001. **Diário Oficial da União**, Brasília, 11 maio 2007c. Disponível em: <http://www.planalto.gov.br/ccivil_03/_ato2007-2010/2007/lei/L11473compilado.htm>. Acesso em: 29 set. 2020.

BRASIL. Lei n. 11.671, de 8 de maio de 2008. **Diário Oficial da União**, Brasília, 9 maio 2008a. Disponível em: <http://www.planalto.gov.br/ccivil_03/_Ato2007-2010/2008/Lei/L11671.htm>. Acesso em: 29 set. 2020.

BRASIL. Lei n. 13.964, de 24 de dezembro de 2019. **Diário Oficial da União**, Brasília, 24 dez. 2019. Disponível em: <http://www.planalto.gov.br/ccivil_03/_Ato2019-2022/2019/Lei/L13964.htm#art11>. Acesso em: 29 set. 2020.

BRASIL. Lei n. 13.979, de 6 de fevereiro de 2020. **Diário Oficial da União**, **Brasília**, 6 fev. 2020f. Disponível em: <http://www.planalto.gov.br/ccivil_03/_ato2019-2022/2020/lei/l13979.htm>. Acesso em: 29 set. 2020.

BRASIL. Marinha do Brasil. **Bem Vindo à "Amazônia Azul"**. 2020h. Disponível em: <https://www.mar.mil.br/hotsites/amazonia_azul/>. Acesso em: 29 set. 2020.

BRASIL. Medida Provisória n. 926, de 20 de março de 2020. **Diário Oficial da União**, Brasília, 20 mar. 2020g. Disponível em: <https://www.camara.leg.br/proposicoesWeb/fichadetramitaca o?idProposicao=2241660>. Acesso em: 29 set. 2020.

BRASIL. Ministério da Justiça. Portaria MJ n. 394, de 4 de março de 2008. Brasília, 2008b. Disponível em: <http://portal.mj.gov.br/ TransparenciaWeb/ArquivoServlet?codigoanexoconvenio=12650>. Acesso em: 29 set. 2020.

BRASIL. Presidência da República. Decreto n. 791, de 10 de abril de 1892. **Coleção de Leis do Brasil,** p. 173, v. 1, pt, II, 1892. Disponível em: <https://www2.camara.leg.br/legin/fed/decret/1824-1899/ decreto-791-10-abril-1892-506799-publicacaooriginal-1-pe.html>. Acesso em: 29 set. 2020.

BRASIL. Presidência da República. Decreto n. 9.288, de 16 de fevereiro de 2018. **Diário Oficial da União**, Brasília, 16 fev. 2018b. Disponível em: <http://www.planalto.gov.br/ccivil_03/_Ato2015-2018/2018/ Decreto/D9288.htm>. Acesso em: 29 set. 2020.

BRASIL. Presidência da República. Decreto n. 9.976, de 5 de setembro de 1946. **Diário Oficial da União**, Brasília, 6 set. 1946b. Disponível em: <http://www.planalto.gov.br/ccivil_03/Decreto-Lei/Del9760. htm>. Acesso em: 29 set. 2020.

BRASIL. Supremo Tribunal Federal. **Ação Cível Ordinária n. 359 QO/SP**. Relator: Min. Celso de Mello. Data de julgamento: 4 ago. 1993b. Disponível em: <http://stf.jus.br/portal/jurisprudencia/visualizarEmenta. asp?s1=000282685&base=baseMonocraticas>. Acesso em: 29 set. 2020.

BRASIL. Supremo Tribunal Federal. **Ação Direta de Inconstitucionalidade (ADI) n. 255/RS**, Relator: Ministro Ilmar Galvão. Data de julgamento: 16 mar. 2011a. Disponível em: <http://redir.stf.jus.br/paginadorpub/paginador.jsp?docTP=AC&docID=623253>. Acesso em: 29 set. 2020.

BRASIL. Supremo Tribunal Federal. **Ação Direta de Inconstitucionalidade (ADI) n. 336/SE**. Tribunal Pleno. Data de julgamento: 20 fev. 2010c. Disponível em: <https://stf.jusbrasil.com.br/jurisprudencia/14710774/medida-cautelar-na-acao-direta-de-inconstitucionalidade-adi-336-df>. Acesso em: 29 set. 2020.

BRASIL. Supremo Tribunal Federal. **Ação Direta de Inconstitucionalidade (ADI) n. 2.407/SC**. Relatora: Ministra Carmen, Data do julgamento: 30 maio 2007a. Disponível em: <http://redir.stf.jus.br/paginadorpub/paginador.jsp?docTP=AC&docID=469606>. Acesso em: 29 set. 2020.

BRASIL. Supremo Tribunal Federal. **Ação Direta de Inconstitucionalidade (ADI) n. 2.077/BA**. Relator: Ministro Alexandre de Moraes. Data de julgamento: 30 ago. 2019a. Disponível em: <http://redir.stf.jus.br/paginadorpub/paginador.jsp?docTP=AC&docID=630088>. Acesso em: 29 set. 2020.

BRASIL. Supremo Tribunal Federal. **Ação Direta de Inconstitucionalidade (ADI) n. 2.650/DF**. Relator: Ministro Dias Toffoli. Data de Julgamento: 24 ago. 2011b. Disponível em: <http://redir.stf.jus.br/paginadorpub/paginador.jsp?docTP=AC&docID=629700>. Acesso em: 29 set. 2020.

BRASIL. Supremo Tribunal Federal. **Ação Direta de Inconstitucionalidade (ADI) n. 3.470/RJ**. Relatora: Ministra Rosa Weber. Julgamento: 29/11/2017. Publicação: 1 fev. 2019b. Disponível em: <http://portal.stf.jus.br/processos/downloadPeca.asp?id=15339388378&ext=.pdf>. Acesso em: 29 set. 2020.

BRASIL. Supremo Tribunal Federal. **Ação Direta de Inconstitucionalidade (ADI) n. 3.682/MT**. Relator: Ministro Gilmar Mendes. Data de julgamento: 9 maio 2007b. Disponível em: <http://redir.stf.jus.br/paginadorpub/paginador.jsp?docTP=AC&docID=485460>. Acesso em: 29 set. 2020.

BRASIL. Supremo Tribunal Federal. **Ação Direta de Inconstitucionalidade (ADI) n. 3.829/RS**. Relator: Ministro Alexandre de Moraes. Data de julgamento: 11 abr. 2019c. Disponível em: <http://redir.stf.jus.br/paginadorpub/paginador.jsp?docTP=TP&docID=12965010>. Acesso em: 29 set. 2020.

BRASIL. Supremo Tribunal Federal. **Ação Direta de Inconstitucionalidade (ADI) n. 4.818/ES**. Relator: Ministro Edson Fachin. Data de julgamento: 14 fev. 2020a. Disponível em: <https://www.lexml.gov.br/urn/urn:lex:br:supremo.tribunal.federal;plenario:acordao;adi:2020-02-14;4818-4274972>. Acesso em: 29 set. 2020.

BRASIL. Supremo Tribunal Federal. **Ação Direta de Inconstitucionalidade (ADI) n. 5.521/CE**. Relator: Ministro Gilmar Mendes. Data de julgamento: 9 maio 2019d. Disponível em: <https://stf.jusbrasil.com.br/jurisprudencia/768191957/acao-direta-de-inconstitucionalidade-adi-5521-ce-ceara-4000575-8920161000000/inteiro-teor-768191967>. Acesso em: 29 set. 2020.

BRASIL. Supremo Tribunal Federal. **Ação Direta de Inconstitucionalidade (ADI) n. 5.792/DF**, Relator Min. Alexandre de Moraes. Data de julgamento: 11 out. 2019e. Disponível em: <http://redir.stf.jus.br/paginadorpub/paginador.jsp?docTP=TP&docID=751286341>. Acesso em: 29 set. 2020.

BRASIL. Supremo Tribunal Federal. **Ação Direta de Inconstitucionalidade (ADI) n. 5.800/AM**. Relator Ministro Luiz Fux. Data de julgamento: 8 maio 2019f. Disponível em: <http://redir.stf.jus.br/paginadorpub/paginador.jsp?docTP=TP&docID=749883225>. Acesso em: 29 set. 2020.

BRASIL. Supremo Tribunal Federal. **Ação Direta de Inconstitucionalidade (ADI) n. 6.341**. Tribunal Pleno. Data de julgamento: 15 abr. 2020b. Disponível em: <http://portal.stf.jus.br/processos/detalhe. asp?incidente=5880765>. Acesso em: 29 set. 2020.

BRASIL. Supremo Tribunal Federal. **Agravo Regimental na Ação Cível Originária n. 597/RR**. Relator: Ministro Celso de Mello. Data de julgamento: 19 nov. 2018b. Disponível em: <http://redir.stf.jus.br/paginadorpub/paginador.jsp?docTP=TP&docID=748726852>. Acesso em: 29 set. 2020.

BRASIL. Supremo Tribunal Federal. **Agravo Regimental no Recurso Extraordinário n. 761.056/SC**. Relator: Ministro Gilmar Mendes. Data de julgamento: 13 mar. 2020c. Disponível em: <https://stf.jusbrasil.com.br/jurisprudencia/825658449/agreg-no-recurso-extraordinario-agr-re-761056-sc-santa-catarina/inteiro-teor-825658459?ref=feed>. Acesso em: 29 set. 2020.

BRASIL. Supremo Tribunal Federal. **Arguição de Descumprimento de Preceito Fundamental (ADPF) n. 222/MT**. Relatora: Ministra Carmen Lúcia. Data de julgamento: 13 set. 2019g. Disponível em: <http://portal.stf.jus.br/processos/detalhe.asp?incidente=4004193>. Acesso em: 29 set. 2020.

BRASIL. Supremo Tribunal Federal. **Medida Cautelar na Ação Direta de Inconstitucionalidade n. 6.457/DF**. Relator: Ministro Luiz Fux. Data do julgamento: 12 jun. 2020d. Disponível em: <http://www.stf.jus.br/arquivo/cms/noticiaPresidenciaStf/anexo/ADI6457.pdf>. Acesso em: 29 set. 2020.

BRASIL. Supremo Tribunal Federal. **Petição n. 584/MC/AC.** Relator: Ministro Celso de Mello. Data de julgamento: 13 abr. 1992. Disponível em: <http://redir.stf.jus.br/paginadorpub/paginador.jsp?docTP=AC&docID=86393>. Acesso em: 29 set. 2020.

BRASIL. Supremo Tribunal Federal. **Petição n. 3.388/RR**. Relator: Ministro Carlos Britto. Data de julgamento: 19 mar. 2009. Publicação: 1 jul. 2010b. Disponível em: <https://stf.jusbrasil.com.br/jurisprudencia/14714880/peticao-pet-3388-rr>. Acesso em: 29 set. 2020.

BRASIL. Supremo Tribunal Federal. Portaria do Ministério da Justiça demarcou a reserva indígena em 2005. **Notícias STF**, 27 ago. 2008c. Disponível em: <http://www.stf.jus.br/portal/cms/verNoticiaDetalhe.asp?idConteudo=95028>. Acesso em: 29 set. 2020.

BRASIL. Supremo Tribunal Federal. **Recurso Extraordinário n. 194.704/MG**. Relator: Ministro Carlos Velloso. Data de julgamento: 29 jun. 2017. Publicação: 17 nov. 2017a. Disponível em: <http://redir.stf.jus.br/paginadorpub/paginador.jsp?docTP=TP&docID=14071244>. Acesso em: 29 set. 2020.

BRASIL. Supremo Tribunal Federal. **STF reconhece competência concorrente de estados, DF, municípios e União no combate à Covid-19**. 15 abr. 2020e. Disponível em: <http://www.stf.jus.br/portal/cms/verNoticiaDetalhe.asp?idConteudo=441447>. Acesso em: 29 set. 2020.

BRASIL. Supremo Tribunal Federal. Súmula 56. Militar reformado não está sujeito à pena disciplinar. **Imprensa Nacional**, p. 52, 1963. Disponível em: <https://jurisprudencia.stf.jus.br/pages/search/seq-sumula56/false>. Acesso em: 29 set. 2020.

BRASIL. Supremo Tribunal Federal. Súmula 517. As sociedades de economia mista só têm fôro na Justiça Federal, quando a União intervém como assistente ou oponente. **Diário de Justiça**, p. 5.997, dez. 1969. Disponível em: <https://jurisprudencia.stf.jus.br/pages/search/seq-sumula517/false>. Acesso em: 29 set. 2020.

BRASIL. Supremo Tribunal Federal. Súmula 637. Não cabe recurso extraordinário contra acórdão de Tribunal de Justiça que defere pedido de intervenção estadual em Município. **Diário de Justiça,** p. 2, out. 2003a. Disponível em: <https://jurisprudencia.stf.jus.br/pages/search/seq-sumula637/false>. Acesso em: 29 set. 2020.

BRASIL. Supremo Tribunal Federal. Súmula 647. Compete privativamente à União legislar sobre vencimentos dos membros das polícias civil e militar do Distrito Federal. **Diário de Justiça,** p. 3, out. 2003b. Disponível em: <https://jurisprudencia.stf.jus.br/pages/search/seq-sumula647/false>. Acesso em: 29 set. 2020.

BRASIL. Supremo Tribunal Federal. Tribunal Pleno. **Ag. Reg. na Suspensão de Tutela Antecipada n. 223** PE. Relator: Ministra Presidente. Data de julgamento: 14 abr. 2008d. Disponível em: <http://redir.stf.jus.br/paginadorpub/paginador.jsp?docTP=AC&docID=630062>. Acesso em: 29 set. 2020.

BRASIL. Supremo Tribunal de Justiça. **Intervenção Federal n. 115/PR.** Relator Min. Herman Benjamin. Data de Julgamento: 7 jun. 2017b. Disponível em: <https://ww2.stj.jus.br/processo/revista/documento/mediado/?componente=PTA&sequencial=73084214>. Acesso em: 29 set. 2020.

BULOS, U. L. **Curso de Direito Constitucional.** 11. ed. São Paulo: Saraiva Educação, 2018.

BULOS, U. L. **Curso de Direito Constitucional.** 12. ed. São Paulo: Saraiva, 2019.

CÂMARA DOS DEPUTADOS. Comissão especial de estudo unificação das polícias civis e militares: relatório final. Deputado Vinicius Carvalho, Relator da Comissão Especial de Unificação de Polícias, julho de 2018. Disponível em: <https://www2.camara.leg.br/atividade-legislativa/comissoes/comissoes-temporarias/especiais/55a-legislatura/unificacao-das-policias-civil-e-militar/documentos/outros-documentos/relatorio-final>. Acesso em: 29 set. 2020.

CÂMARA DOS DEPUTADOS. Comissão especial destinada a proferir parecer à proposta de emenda à Constituição n. 151, que "introduz modificações na estrutura do sistema de segurança pública" e apensadas. Deputado Alberto Fraga, relator, 2000. Disponível em: <https://www.camara.leg.br/proposicoesWeb/prop_mostrarintegra;jsessionid=DB273E7DA895941C712BD8FAEC34EB93.proposicoesWebExterno2?codteor=24349&filename=PRL+1+PEC15195+%3D%3E+PEC+151/1995>. Acesso em: 29 set. 2020.

CÂMARA DOS DEPUTADOS. Constituição. ADCT DE 1988 – publicação original. **Diário Oficial da União**, Seção 1, página 275, out. 1988. Disponível em: <https://www2.camara.leg.br/legin/fed/conadc/1988/constituicao.adct-1988-5-outubro-1988-322234-publicacaooriginal-1-pl.html>. Acesso em: 29 set. 2020.

CANAVO FILHO, J.; MELO, E. de O. **Asas e glórias de São Paulo**. São Paulo: Polícia Militar, 1978.

CÔRTES, M. H. C. A Defesa Nacional diante do pós-modernismo militar. **Revista A Defesa Nacional,** ano LXXXVIII, n. 792, jan./fev./mar./abr. 2002. Rio de Janeiro: Bibliex, 2002.

COSTA, N. N. Dos Municípios. In: AGRA, W. de M.; BONAVIDES, P.; MIRANDA, J. **Comentários à Constituição Federal de 1988**. Rio de Janeiro: Forense, 2009. p. 617-641.

DISTRITO FEDERAL. Poder Executivo. Decreto n. 40.537, de 18 de março de 2020. **Diário Oficial do Estado do Distrito Federal**, 18 mar. 2012. Disponível em: <http://www.sinj.df.gov.br/sinj/Norma/c24b708aee184fb6bf6c7f982501673f/Decreto_40537_18_03_2020.html>. Acesso em: 29 set. 2020.

ESPANHA. **Constitución Española de 31 de outubro de 1978**. Madrid: Agencia Estatal Boletín Oficial del Estado, 1978. Disponível em: <https://www.boe.es/legislacion/documentos/ConstitucionCASTELLANO.pdf>. Acesso em: 29 set. 2020.

ESPÍRITO SANTO. Lei n. 9.851, de 11 de junho de 2012. Dispõe sobre o tempo máximo de espera para o atendimento dos usuários de planos particulares de saúde junto aos serviços em que se encontrem conveniados no âmbito do Estado. **Diário Oficial do Estado do Espírito Santo**, 11 jun. 2012. Disponível em: <http://www3.al.es.gov.br/Arquivo/Documents/legislacao/html/LO9851.html>. Acesso em: 29 set. 2020.

ESTADOS UNIDOS DA AMÉRICA. Constituição (1787). **United States Senate**, 1787. Disponível em: https://www.senate.gov/civics/constitution_item/constitution.htm Acesso em: 29 set. 2020.

FAGUNDES, M. S. As Fôrças Armadas na Constituição. **RDA**, 9/1947, p. 1-29, jul./set. 1947.

FERREIRA FILHO, M. G. **Curso de Direito Constitucional**. 40. ed. São Paulo: Saraiva, 2018.

FIUZA, R. A. M.; COSTA, M. A. M. F. **Aulas de teoria do Estado**. Belo Horizonte: Del Rey, 2010.

FRANCO, A. A. de M. **Curso de direito constitucional brasileiro**. 3. ed. Rio de Janeiro: Forense, 2019.

FROTA, G. de A. **Quinhentos anos de história do Brasil**. Rio de Janeiro: Biblioteca do Exército, 2000.

GASPARI, E. **A ditadura envergonhada**. São Paulo: Companhia das Letras, 2002.

GULLINO, D.; MAIA, G. Bolsonaro diz que divergência com Mandetta "cada vez mais se tornava uma realidade". **Jornal O Globo**, 16 abr. 2020. Disponível em: <https://oglobo.globo.com/brasil/bolsonaro-diz-que-divergencia-com-mandetta-cada-vez-mais-se-tornava-uma-realidade-1-24376367>. Acesso em: 29 set. 2020.

HAMILTON, A.; MADISON, J.; JAY, J. **The Federalist Papers**. S.l.: Conventry House Publishing, 2015.

HORTA, R. M. **Direito Constitucional**. Belo Horizonte, Del Rey, 2010.

HORTA, R. M. Federalismo e o Princípio da Subsidiariedade. **Revista do Instituto dos Advogados de Minas Gerais**, Belo Horizonte, n. 9, p. 13-29, 2003.

IBGE – Instituto Brasileiro de Geografia e Estatística. Produto Interno Bruto – PIB. 2019. Disponível em: <https://www.ibge.gov.br/explica/pib.php>. Acesso em: 29 set. 2020.

LAMARÃO, S. **Estado de Sítio**. Rio de Janeiro: Fundação Getúlio Vargas, 2009. Disponível em: <http://fgv.br/cpdoc/acervo/dicionarios/verbete-tematico/estado-de-sitio>. Acesso em: 29 set. 2020.

LENZA, P. **Direito constitucional esquematizado**. 22. ed. São Paulo: Saraiva Educação, 2018.

LEWANDOVSKI, R. A garantia da lei e da ordem em crises de maior envergadura. **Folha de S.Paulo**, jun. 2006. Disponível em: <https://www1.folha.uol.com.br/poder/2020/06/a-garantia-da-lei-e-da-ordem-em-crises-de-maior-envergadura.shtml?origin=folha>. Acesso: 29 set. 2020.

MACEDO, J. A. C. de; GODOY, M. de G. O STF, a pandemia do COVID e a Constituição: o novo normal será um retorno ao passado? **Cadernos Jurídicos**, Curitiba, OAB Paraná, n. 100, p. 58-60, maio de 2020.

MARANHÃO. Poder Judiciário. **Ação Civil Pública n. 0813507-41.2020.8.10.0001**. Dr. Douglas de Melo Martins, juiz titular da Vara de Interesses Difusos e Coletivos da Comarca da Ilha de São Luís. Data da decisão: 30 abr. 2020. Disponível em: <https://www.corona.ma.gov.br/public/assets/decisao-lockdown-ilha.pdf>. Acesso em: 29 set. 2020.

MARTINS, I. G. da S. Cabe às Forças Armadas moderar os conflitos entre os Poderes. **Consultor Jurídico**, 28 de maio de 2020a. Disponível em: <https://www.conjur.com.br/2020-mai-28/ives-gandra-artigo-142-constituicao-brasileira>. Acesso em: 29 set. 2020.

MARTINS, I. G. da S. Harmonia e independência dos poderes? **Consultor Jurídico**, 2 de maio de 2020b. Disponível em: <https://www.conjur.com.br/2020-mai-02/ives-gandra-harmonia-independencia-poderes>. Acesso em: 29 set. 2020.

MENDES, G. F.; BRANCO, P. G. G. **Curso de Direito Constitucional**. São Paulo: Saraiva, 2011.

MINISTÉRIO DA DEFESA. **Doutrina Militar de Defesa**. MD51-M-04, Manual, Secretaria de Política, Estratégia e Assuntos Internacionais, 2006. Disponível em: <https://bdex.eb.mil.br/jspui/bitstream/123456789/135/1/MD51_M04.pdf>. Acesso em: 29 set. 2020.

MINISTÉRIO PÚBLICO FEDERAL. Parecer n. 100129/2020 do Procurador Geral da República Antônio Augusto Brandão de Aras na Ação Direta de Inconstitucionalidade (ADI) n. 6.341. **Procuradoria-Geral da República**, Data: 07/04/2020. Disponível em: <http://portal.stf.jus.br/processos/downloadPeca.asp?id=15342859232&ext=.pdf>. Acesso em: 29 set. 2020.

MIRANDA, J. **Teoria do Estado e da Constituição**. Rio de Janeiro: Forense, 2003.

MONTESQUIEU, B. de. **O espírito das leis**: as formas de governo, a federação, a divisão de poderes. São Paulo: Saraiva, 2008.

MORAES, A. de. **Direito Constitucional**. São Paulo: Atlas, 2012.

MORAES, G. P. de. **Curso de Direito Constitucional**. São Paulo: Atlas, 2019.

MORRIS, C. W. **Um ensaio sobre o Estado moderno**. São Paulo: Landy, 2005.

MUNICÍPIO DE MARINGÁ. Decreto n. 637, de 08 maio 2020. **Órgão Oficial do Município**, 4 set. 2009. Disponível em: <http://www2.maringa.pr.gov.br/cdn-imprensa/DECRETO637.pdf>. Acesso em: 29 set. 2020.

MUNICÍPIO DO RIO DE JANEIRO. Lei Orgânica do Município do Rio de Janeiro. **Diário Oficial**, 17 jul. 2014. Disponível em: <https://leismunicipais.com.br/lei-organica-rio-de-janeiro-rj>. Acesso em: 29 set. 2020.

MURICY, A. C. da S. O Exército como instrumento da ação política nacional. **A Defesa Nacional**, n. 635, Rio de Janeiro-GB, p. 3-24, jan./fev. 1971.

NOVELINO, M. Dos Estados Federados: Artigos 25 ao 28. In: AGRA, W. de M.; BONAVIDES, P.; MIRANDA, J. **Comentários à Constituição Federal de 1988**. Rio de Janeiro: Forense, 2009. p. 577-601.

NORONHA, I. Do Distrito Federal e dos Territórios. In: AGRA, W. de M.; BONAVIDES, P.; MIRANDA, J. **Comentários à Constituição Federal de 1988**. Rio de Janeiro: Forense, 2009. p. 643-651.

OLIVEIRA, N. D. de. Os primórdios da doutrina de segurança nacional: a escola superior de guerra. **História**, v. 29, n. 2, p. 135-157, 2010. Disponível em: <https://doi.org/10.1590/S0101-90742010000200008>. Acesso em: 29 set. 2020.

PAGLIARINI, A. C.; DIMOULIS, D. **Direito Constitucional e internacional de Direitos Humanos**. 1 ed. rev. e atual. São Paulo: Forum, 2012.

PEDRA, A. S.; PEDRA, A. S. Das Forças Armadas. In: AGRA, Walber de Moura; BONAVIDES, P.; MIRANDA, J. **Comentários à Constituição Federal de 1988**. Rio de Janeiro: Forense, 2009. p. 1.699-1.745.

PIMENTEL, C. Temer admite suspender intervenção no Rio para votar Previdência. **Agência Brasil**, 2018. Disponível em: <https://agenciabrasil.ebc.com.br/politica/noticia/2018-09/temer-admite-suspender-intervencao-no-rio-para-votar-previdencia>. Acesso em: 29 set. 2020.

PIO IX, Papa. Quadragesimo Anno. Roma, 15 de maio de 1931. Disponível em: <http://w2.vatican.va/content/pius-xi/pt/encyclicals/documents/hf_p-xi_enc_19310515_quadragesimo-anno.html>. Acesso em: 29 set. 2020.

PORTAL G1. Com greve na PM, Exército é convocado para segurança em RO. **G1**, 10 dez. 2011. Disponível em: <http://g1.globo.com/brasil/ noticia/2011/12/com-greve-na-pm-exercito-e-convocado-para-seguranca-em-ro.html>. Acesso em: 29 set. 2020.

PORTUGAL. Constituição (1976). Consituição da República de Portugal de 1976. VII Revisão Constitucional. **Assembleia Constitucional**, 2005. Disponível em: <https://www.parlamento.pt/Legislacao/ Paginas/ConstituicaoRepublicaPortuguesa.aspx>. Acesso em: 29 set. 2020.

QUADRAGESIMO ANNO (1931), do papa Pio XI PIO IX, Papa. Quadragesimo Anno. Roma, 15 de maio de 1931. Disponível em: <http:// w2.vatican.va/content/pius-xi/pt/encyclicals/documents/ hf_p-xi_ enc_19310515_quadragesimo-anno.html>. Acesso em: 8 out. 2020.

RAMOS, P. de A. **Partido Republicano Paulista (PRP)**. Rio de Janeiro: Fundação Getúlio Vargas, 2009. Disponível em: <http://www.fgv.br/ cpdoc/acervo/dicionarios/verbete-tematico/partido-republicano-paulista-prp>. Acesso em: 29 set. 2020.

RIO GRANDE DO SUL. Constituição Política do Estado do Rio Grande do Sul. Estado do Rio Grande do Sul de 14 de julho de 1891. Disponível em: <http://www2.al.rs.gov.br/biblioteca/Constitui%C3%A7% C3%B5esdoRS/tabid/3107/Default.aspx>. Acesso em: 29 set. 2020.

SANTA CATARINA. Lei n. 11.233, de 17 de novembro de 1999. **Diário Oficial do Estado de Santa Catarina**, Palácio Barriga-Verde, Florianópolis, 18 nov. 1999. Disponível em: <http://leis.alesc.sc.gov. br/html/1999/11223_1999_Lei_promulgada.html>. Acesso em: 29 set. 2020.

SÃO PAULO. Tribunal de Justiça do Estado de São Paulo. Intervenção Estadual n. 9035568-80.2007.8.26.0000. Relator: Des. Ivan Sartori. Data de Julgamento: 20/08/2008. Disponível em: <https://esaj. tjsp.jus.br/cjsg/consultaCompleta.do?f=1>. Acesso em: 29 set. 2020.

SÃO PAULO. Veja quais serviços podem funcionar em SP durante a quarentena. **Portal do Governo do Estado de São Paulo,** 27 abr. 2020. Disponível em: <https://www.saopaulo.sp.gov.br/spnoticias/veja-quais-servicos-podem-funcionar-em-sp-durante-a-quarentena/>. Acesso em: 29 set. 2020.

SARLET, I. W. Da organização do Estado e da repartição de competências. In: SARLET, I. W.; MARINONI, L. G.; MITIDIERO, D. **Curso de Direito Constitucional.** São Paulo: Saraiva Educação, 2019. p. 902-956.

SARLET, I. W.; MARINONI, L. G.; MITIDIERO, D. **Curso de direito constitucional.** São Paulo: Saraiva Educação, 2019.

SCALETSKY, F. S. C. O.; COÊLHO, M. V. F.; BINENBOJM, G. **Inconstitucionalidade das propostas de intervenção militar constitucional.** Forças Armadas não exercem papel de Poder Moderador. Parecer Jurídico, Brasília, 2 jun. 2020. Disponível em: <http://s.oab.org.br/arquivos/2020/06/682f58de-5b3e-46cc-bda6-7397b1a93009.pdf>. Acesso em: 29 set. 2020.

SENADO FEDERAL. Proposta de Emenda à Constituição n. 14, de 2016, convertida na Emenda Constitucional n. 109 de 2019. Disponível em: <https://www25.senado.leg.br/web/atividade/materias/-/materia/125429>. Acesso em: 29 set. 2020.

SILVA, J. A. da. **Curso de Direito Constitucional positivo.** São Paulo: Malheiros, 2019.

SILVA, P. N. N. da. Da União: Artigos 20 ao 24. In: AGRA, W. de M.; BONAVIDES, P.; MIRANDA, J. **Comentários à Constituição Federal de 1988.** Rio de Janeiro: Forense, 2009. p. 539-576.

SHI, D. E.; TINDALL, G. B. **America**: a narrative history. 20. ed. New York: W. W. Norton & Company, 2016.

SORANO, V. Apoio a golpe militar cresce no Brasil desde 2012, mostra pesquisa. **Último Segundo**, 28 mar. 2015. Disponível em: <https://www.vanderbilt.edu/lapop/news/032815_ultimosegundo.pdf>. Acesso em: 29 set. 2020.

SOUZA, M. da C. e. O Absolutismo e o progresso da guerra. **Revista do Instituto de Geografia e História Militar do Brasil**, ano 62, n. 88, p. 68-77, 2002.

SOUZA, M. da C. e. **Instituições e organização do Estado**. Curitiba: InterSaberes, 2018.

TAVARES, A. R. **Curso de Direito Constitucional**. 17. ed. São Paulo: Saraiva, 2019.

TOCQUEVILLE, A. **Democracia na América**: leis e costumes. São Paulo: M. Fontes, 1988.

UNIÃO EUROPEIA. **Tratado de Maestricht**. Luxemburgo: Serviço das Publicações Oficiais das Comunidades Europeias, 1992. Disponível em: <https://europa.eu/european-union/sites/europaeu/files/docs/body/treaty_on_european_union_pt.pdf>. Acesso em: 29 set. 2020.

UOL. **Teich anuncia saída do governo Bolsonaro**; leia a íntegra do pronunciamento. Publicado em 15 maio 2020. Disponível em: <https://noticias.uol.com.br/politica/ultimas-noticias/2020/05/15/teich-anuncia-sua-saida-do-ministerio-da-saude-leia-o-discurso-na-integra.htm>. Acesso em: 29 set. 2020.

Sobre o autor

Marcos da Cunha e Souza é graduado em Direito (1992) pela Universidade do Estado do Rio de Janeiro (1992) (UERJ), tem MBA em Direito da Economia e da Empresa pela Fundação Getúlio Vargas e mestrado em Direito (2014) pela Pontifícia Universidade Católica do Paraná (PUC-PR) (linha de pesquisa: Estado, atividade econômica e desenvolvimento sustentável). Atualmente, é aluno do programa de doutorado da PUC-PR (linha de pesquisa: Direito Econômico e Desenvolvimento). Já lecionou em cursos da Universidade do Rio de Janeiro (Unirio), da Universidade Veiga de Almeida (UVA) e da Universidade do Sul de Santa Catarina (Unisul). Desde 2009, é professor, em três cursos de graduação, do Centro

Universitário Internacional Uninter, além de ministrar aulas em diferentes cursos de pós-graduação, tanto na modalidade presencial quanto na modalidade EAD. É, ainda, membro do Instituto de Geografia e História Militar do Brasil (IGHMB), do Comitê de Ética em Pesquisa do Centro Universitário Internacional Uninter e da Comissão de Direito Internacional da Ordem dos Advogados do Brasil, seção Paraná (OAB/PR). Foi, durante 15 anos, assessor da Procuradoria Regional da República no Rio de Janeiro.

Os papéis utilizados neste livro, certificados por instituições ambientais competentes, são recicláveis, provenientes de fontes renováveis e, portanto, um meio **responsável** e natural de informação e conhecimento.

Impressão: Reproset
Junho/2021